3일 만에 끝내는
초등 글쓰기 트레이닝 북

초판 발행 2022년 3월 21일
2쇄 발행 2022년 4월 21일

지은이 안도 히데아키 / **옮긴이** 이정미 / **감수자** 전병규 / **펴낸이** 김태헌
총괄 임규근 / **책임편집** 권형숙 / **기획편집** 김희정 / **교정교열** 박정수 / **디자인** ziwan
영업 문윤식, 조유미, 김선아 / **마케팅** 신우섭, 손희정, 박수미 / **제작** 박성우, 김정우

펴낸곳 한빛라이프 / **주소** 서울시 서대문구 연희로 2길 62 한빛빌딩
전화 02-336-7129 / **팩스** 02-325-6300
등록 2013년 11월 14일 제25100-2017-000059호 / **ISBN** 979-11-90846-36-3 63710

한빛라이프는 한빛미디어(주)의 실용 브랜드로 우리의 일상을 환히 비추는 책을 펴냅니다.

이 책에 대한 의견이나 오탈자 및 잘못된 내용에 대한 수정 정보는 한빛미디어(주)의 홈페이지나 아래 이메일로
알려 주십시오. 잘못된 책은 구입하신 서점에서 교환해 드립니다. 책값은 뒤표지에 표시되어 있습니다.
한빛미디어 홈페이지 www.hanbit.co.kr / **이메일** ask_life@hanbit.co.kr
한빛라이프 페이스북 facebook.com/goodtipstoknow / **포스트** post.naver.com/hanbitstory

SHOGAKKO6NENSEI MADENI HITSUYONA SAKUBUNRYOKU GA 1SATSU DE
SHIKKARI MINITSUKU HON by Hideaki Ando
Copyright © Nobuko Ando, 2019
All rights reserved.
Original Japanese edition published by KANKI PUBLISHING INC.
Korean translation copyright © 2022 by Hanbit Media Inc.
This Korean edition published by arrangement with KANKI PUBLISHING INC.
through HonnoKizuna, Inc., Tokyo, and Botong Agency

이 책의 한국어판 저작권은 Botong Agency를 통한 저작권자와의 독점 계약으로 한빛미디어(주)에 있습니다.
저작권법에 의해 보호를 받는 저작물이므로 무단 전재와 무단 복제를 금합니다.

지금 하지 않으면 할 수 없는 일이 있습니다.
책으로 펴내고 싶은 아이디어나 원고를 메일(writer@hanbit.co.kr)로 보내 주세요.
한빛라이프는 여러분의 소중한 경험과 지식을 기다리고 있습니다.

학생, 부모님, 선생님 들이 보내 준 놀라운 이야기

'순간 작문법'을 익히면
누구라도 쉽게 글을 쓸 수 있습니다!

아이들에게 조사를 빼고 문장을 만들라고 했더니 기발한 표현이 쏟아져 나왔어요. **글쓰기가 즐거워야 쓰기 실력이 자라는 것 같아요.**

1학년 담임선생님

아이들은 하고 싶은 말만 있으면 됩니다. 책에 나온 형식을 따라 하기만 하면 여러 가지 문장을 만들 수 있거든요. 글쓰기에 대한 부담감이 사라져서인지 **글쓰기를 두려워하던 아이도 쓰는 재미에 푹 빠졌어요.**

1학년 담임선생님

문장은커녕 단어조차 쓰지 못했던 아이들이 **스스로 생각해서 문장을 써 내요.** 발전한 모습을 보니 너무 뿌듯해요.

1학년 학부모

'흉내 내는 말'은 글쓰기를 가르치는 마법의 말이에요.

3학년 담임선생님

연필조차 안 쥐던 아이가 작문 형식을 배우자마자 바로 글을 쓰기 시작했어요. 지금은 반 아이들 모두 **200자 글을 3분이면 완성해요.**

2학년 담임선생님

> 친구들과 **재미있는 단어 모으기 놀이**를 하고 있어요. 흉내 내는 말을 50개나 찾았어요.
>
> 1학년 학생

> 매일 일기 쓰기와 글쓰기 숙제를 힘들어하던 아이가 이제는 술술 써요. 여름 방학 글쓰기 숙제는 울면서 하더니 지금은 **글쓰기가 재미있다며 시간 가는 줄 몰라요.**
>
> 2학년 학부모

> 글을 어떻게 시작하고 마무리할지 **쓰기 전에 머릿속에 계획이 세워지는 모양이에요.** 딸을 괴롭혔던 **글쓰기 거부감이 완전히 사라졌어요.** 겨울 방학 숙제였던 독서 감상문도 아이와 함께 즐겁게 쓸 수 있어서 감사할 따름이에요.
>
> 2학년 학부모

> 어른인 저에게도 어려운 '**흉내 내는 말**'을 아이가 자유자재로 떠올리며 글을 쓰는 모습에 크게 놀랐어요.
>
> 1학년 학부모

콩나물쌤의 추천 글

'사흘 만에 글을 술술 쓰는 경험', 함께해 볼까요?

아이들을 한 번이라도 지도해 봤다면 아시겠지만 아이들은 글쓰기를 참 어려워합니다. 글을 쓰라면 머리를 쥐어뜯고 몸을 배배 꼬면서 어찌할 바를 몰라 하는 아이들이 많습니다. 입을 쉴 줄 모르는 아이들도 연필을 들면 할 말을 모두 잃어버리거든요. 아이들이 글쓰기를 어려워하는 이유는 무엇을 어떻게 써야 할지 감을 잡지 못하기 때문입니다. 이 문제는 한 문장 쓰기에 집중하면 어느 정도 해결할 수 있습니다. 모든 글은 단 한 문장에서 시작하니까요. 한 문장이 써지면 두 문장을 쓸 수 있고, 두 문장이 써지면 세 문장을 쓸 수 있습니다. 부담 없이 한 문장에서 출발해 조금씩 늘려 가다 보면 어느새 길어진 글을 발견하곤 합니다.

《3일 만에 끝내는 초등 글쓰기 트레이닝 북》은 저학년 아이도 단 한 문장을 자신 있게 완성할 수 있도록 하는 데서 출발합니다. 이를 바탕으로 긴 글 쓰기를 향해 매우 체계적으로 한 단계씩 나아갑니다. 먼저 다양한 단어를 떠올리게 해 어휘력을 키운 다음 '무엇'과 '어떻게'를 이용해 짧은 문장을 쓰게 합니다. 여기에 꾸며 주는 말과 이어 주는 말을 더해 문장의 길이를 늘립니다. 다음으로 적절한 조사를 더해 문장 형식을 갖춘 글을 쓰게 하며 원고지 사용법까지 익히게 합니다. 최종에는 초등 시기에 만나게 되는 다양한 형식의 긴 글 쓰기에 도전하게 하지요. 참으로 체계적인 방법이 아닐 수 없습니다.

안도 히데아키 선생님은 이 방법을 배운 아이들이 '사흘 만에 글을 술술 쓸 수 있게 되었다'라고 말합니다. 과장된 표현이 아닌가 생각하기 쉽지만 저는 이 말을 어느 정도 수긍합니다. 저 역시 이 책에서 제시한 방법과 유사한 방법을 썼고, 비슷한 경험을 했거든요. 한 문장에 집중해 문장 성분을 나누어 생각해 보게 한 후 이를 통해 문장을 길게 늘려가는 방식은 분명히 효과가 있습니다. 이 방법을 통해 아이들은 부담감을 내려놓고 글쓰기를 즐길 수 있게 되었습니다. 어린이 여러분도 이 책의 도움을 받아 쓱쓱 쉽게 글을 쓸 수 있게 되기를 바랍니다.

초등교사&유튜버 콩나물쌤(전병규)

시작하며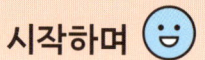

'순간 작문법'은 글쓰기를 어려워하는 아이들의 목소리에서 시작되었습니다!

"글자를 읽고 쓰는 법은 가르칠 만한데 글쓰기는 도대체 어떻게 가르쳐야 할지 모르겠어요."

부모님은 물론이고 학교 선생님들도 입을 모아 말하지만, 글쓰기를 가르치는 일은 결코 어렵지 않습니다. 저는 44년 동안 초등학교에서 작문과 독서 감상문 같은 글쓰기를 가르쳐 왔습니다. 믿기 어렵겠지만, **어느 학교 몇 학년이든 제 수업을 듣고 나면 반 아이 모두 사흘 만에 글을 술술 쓰게 됩니다.** 소문을 듣고 전국에서 수많은 선생님이 찾아와 제 수업을 들었습니다. 마찬가지로 그렇게 배운 선생님들에게 수업을 들은 아이들도 쉽게 글을 쓰기 시작했습니다.

이 책에 제가 사흘 동안 아이들에게 가르치는 '문장 쓰는 법'을 담았습니다. 집에서 아이들이 쉽게 배울 수 있도록 체계적으로 분류하고 새롭게 엮었습니다. 글쓰기를 어려워하고 힘들어하는 아이에게 무작정 글을 쓰라고 해선 나아지는 게 없습니다. 먼저 글을 쓰지 못하는 이유를 찾아야 합니다. 아이들이 글을 쓰지 못하는 진짜 이유는 여섯 가지입니다.

| 아이들이 글을 쓰지 못하는 이유 |

① 단어를 정확하게 쓰고 있는지 걱정돼서　② 무엇을 써야 좋을지 몰라서
③ 단어가 떠오르지 않아서　　　　　　　　④ 어떻게 써야 하는지 몰라서
⑤ 문장을 연결하는 게 어려워서　　　　　　⑥ 원고지를 채우기가 힘들어서

'글을 쓰지 못하는 이유'를 하나씩 지우고 나면 어느 아이라도 원고지를 받아든 '순간' 거침없이 글을 쓸 수 있습니다. 이게 바로 제가 가르치는 '순간 작문법'입니다. 이 책에는 '순간 작문법'의 핵심 내용이 총정리되어 있습니다. 차근차근 읽으면서 문제를 풀다 보면 **아무리 글쓰기를 어려워하는 아이라도 결국에는 쓸 수 있게 됩니다.**

'순간 작문법'은 기존 작문법과 무엇이 다를까요?

순간 작문법의 최종 목표는 '말하기'처럼 자연스럽게 '쓰기'입니다. 그러다 보니 자연스럽게 기존 작문법과 다른 점이 생겼습니다.

가장 큰 차이점은 '문장 쓰기가 익숙해지기 전까지 '조사'를 쓰지 않는다'입니다. 아이들이 말을 하는 것처럼 자연스럽게 글을 쓰지 못하는 가장 큰 이유가 조사이기 때문입니다. 글쓰기를 어려워하는 아이는 조사를 써야 하는 순간 머뭇대며 다음 글로 나아가지 못합니다.

글쓰기에는 정답이 없지만 조사에는 정답과 오답이 있습니다. "단어를 정확하게 쓰고 있는지 몰라 걱정된다."라고 말하는 아이들의 이야기에 귀를 기울여 보면 대부분 "조사로 뭘 써야 맞는지 몰라 헷갈린다."라고 말합니다.

| 조사에서 헤매면 문장을 쓸 수 없다 |

친구와 말하다 ?   친구에게 말하다 ?   친구가 말하다 ?   친구는 말하다 ?

아이들 글쓰기를 지도할 때는 '조사라는 틀'을 과감히 깨 보세요. 아래 예문처럼 조사가 사라지면 문장을 점점 더 길게 쓸 수 있습니다. **조사가 없으면 아이들은 비로소 말하듯 쓸 수 있습니다.**

> | **조사를 쓰지 않으면 막힘없이 긴 문장을 쓸 수 있다** |
>
> 장미꽃 샀다
> 장미꽃 **많이** 샀다
> 장미꽃 **예쁘다** 많이 샀다
> 장미꽃 예쁘다 많이 샀다 **룰루랄라**
> 장미꽃 **아주** 예쁘다 많이 샀다 룰루랄라
> 장미꽃 아주 예쁘다 **갖고 싶다** 많이 샀다 룰루랄라

   말하듯이 쓰기 때문에 1학년생도 모두 100자 혹은 200자를 금방 쓸 수 있습니다. 조사는 글 양이 충분히 늘어난 다음에 가르쳐도 충분합니다. 그래서 이 책에서는 3장까지 조사 없이 문장 쓰는 법을 가르치고, 4장부터 조사를 사용해 문장 쓰는 법을 가르칩니다. 정말 조사를 나중에 가르쳐도 되는지 걱정하는 분도 있지만, 오랜 기간 글쓰기를 가르쳐 온 제 경험에 따르면 아무 문제가 없었습니다. 가장 중요한 건 아이들에게 **'글쓰기는 말하기처럼 간단하다'** 라는 생각을 심어 주는 일입니다.

앞으로는 글쓰기 능력이 성공을 좌우합니다

'책을 읽지 않는 사회' 또는 '활자 시대의 종말'이라는 이야기를 자주 듣지만, 현실을 들여다보면 문장을 통한 커뮤니케이션이 줄기는커녕 늘어나고 있습니다.

예전에는 직접 만나거나 전화로 이야기를 전했다면 지금은 문자로 이야기를 주고받는 일이 많습니다. 카톡, 이메일, 문자메시지, 페이스북, 블로그, 인스타그램 모두 문자 커뮤니케이션입니다. 오히려 지금이 역사상 가장 많은 문자 커뮤니케이션에 의존하는 시대일지 모릅니다. 이런 시대에 글쓰기를 두려워하면 다른 사람과 출발선 위에 나란히 설 수 없습니다.

이 책의 목표는 **'모든 아이가 원고지를 받아든 순간, 부지런히 연필을 움직여 나가는 것'** 입니다. 글을 잘 쓸 수 있다는 자신감은 중·고등학교는 물론이고 대학교에 가거나 사회에 나가서도 큰 도움을 주며 평생의 자산이 됩니다.

| 이 책의 목표 |

- 원고지를 받아든 순간 연필이 움직인다!
- 작문, 일기, 독서 감상문 등 어떤 숙제도 문제없다!
- 글쓰기가 즐거워진다!

'순간 작문법'의 일곱 가지 특징

01 문장을 쓸 수 있을 때까지 조사를 쓰지 않는다

'순간 작문법'의 가장 큰 특징은 문장 쓰기에 익숙해질 때(3장)까지 조사를 쓰지 않는다는 점입니다(조사 쓰기는 4장부터 배웁니다). 이외에도 누구나 쉽게 글을 쓸 수 있는 방법을 여러 가지 고안해 냈습니다.

02 놀이처럼 학습하면서 어휘력을 키운다

"뭘 써야 할지 모르겠다."라거나 "단어가 떠오르지 않는다."라고 말하는 이유는 자신의 느낌이나 감정을 표현하는 단어를 잘 몰라서입니다. 이런 아이들을 위해 놀이처럼 학습하면서 어휘력을 키우는 연습을 합니다.

03 여섯 가지 문장 형식을 익혀서 문장 구성력을 키운다

문장에는 여섯 가지 형식이 있습니다. 간단한 형식을 이해하고 나면 문장을 어떻게 써야 할지 몰라 고민하는 시간이 사라집니다.

04 문장을 잇는 방법을 이해하고 글을 길게 쓸 수 있다

문장을 조금씩 쓰기 시작했다면 '이어 주는 말'을 사용해서 문장 잇는 법을 배웁니다. 어떻게 하면 문장을 길게 쓰고, 이해하기 쉽게 쓸 수 있는지 아이 스스로 깨우칩니다.

05 쉽게 쓰는 요령이 담긴 전용 원고지를 활용한다

문장 쓰기에 익숙해졌더라도 처음부터 일반 원고지를 사용하기는 어렵습니다. 글쓰기를 어려워하는 아이에게 빈칸이 빽빽한 원고지를 들이밀면 다 채울 수 없다며 풀이 죽습니다. '순간 작문법'에서는 우선 60자 내외로 줄인 원고지를 사용합니다. 그런 다음 느낀 점이나 쓰고 싶은 말을 먼저 메모한 뒤에 글을 쓰는 전용 원고지를 사용합니다.

06 학부모와 선생님이 쉽게 가르칠 수 있도록 글쓰기 지도법을 자세히 소개한다

아이가 공부할 때 부모님이나 선생님이 옆에서 알려 줬으면 하는 점을 '이렇게 가르쳐 주세요.'에 정리했습니다. '일상 속 훈련법'에서는 일상생활 속에서 글쓰기 실력을 올려 주는 다양한 놀이식 학습법을 소개합니다. 아이와 함께 재미있게 익혀 보세요.

07 초등학교 1학년도 이해할 수 있도록 쉬운 단어를 사용했다

본문에 나오는 보기 및 예시 글은 최대한 쉬운 단어를 사용해 초등학교 1학년도 재미있게 공부할 수 있도록 구성했습니다.

차례

학생, 부모님, 선생님 들이 보내 준 놀라운 이야기 • 4
콩나물쌤의 추천 글 • 6
시작하며 • 8
'순간 작문법'의 일곱 가지 특징 • 12
이 책의 활용법 • 16

1장 어휘력 키우기

01 | 다양한 단어 써 보기 • 20
02 | 사용하는 어휘 늘리기 ① • 26
03 | 사용하는 어휘 늘리기 ② • 30
04 | 사용하는 어휘 늘리기 ③ • 34
05 | 사용하는 어휘 늘리기 ④ • 36

2장 문장 만들기

01 | 짧은 문장 만들기 • 44
02 | 꾸며 주는 말 사용하기 ① • 50
03 | 꾸며 주는 말 사용하기 ② • 54
04 | 여섯 가지 형식의 문장 만들기 • 60
05 | 긴 문장 만들기 ① • 64
06 | 긴 문장 만들기 ② • 68

3장 문장 연결하기

- 01 | 이어 주는 말 찾기 • 72
- 02 | 이어 주는 말 사용하기 ① • 74
- 03 | 이어 주는 말 사용하기 ② • 78
- 04 | 이어 주는 말 사용하기 ③ • 80

4장 단어 연결하기

- 01 | 도와주는 말 사용하기 ① • 90
- 02 | 도와주는 말 사용하기 ② • 94
- 03 | 도와주는 말 사용하기 ③ • 98

5장 원고지 사용하기

- 01 | 문장 부호 사용하기 • 102
- 02 | 원고지에 써 보기 • 104
- 03 | 전용 원고지 활용하기 • 110

6장 다양한 형식에 맞춰 글쓰기

- 01 | 가족·학교 행사를 주제로 한 글쓰기 ① • 118
- 02 | 가족·학교 행사를 주제로 한 글쓰기 ② • 126
- 03 | 독서 감상문 쓰기 ① • 131
- 04 | 독서 감상문 쓰기 ② • 140
- 05 | 관찰 일지 쓰기 ① • 146
- 06 | 관찰 일지 쓰기 ② • 150

부록 정답과 해설 • 154

이 책의 활용법

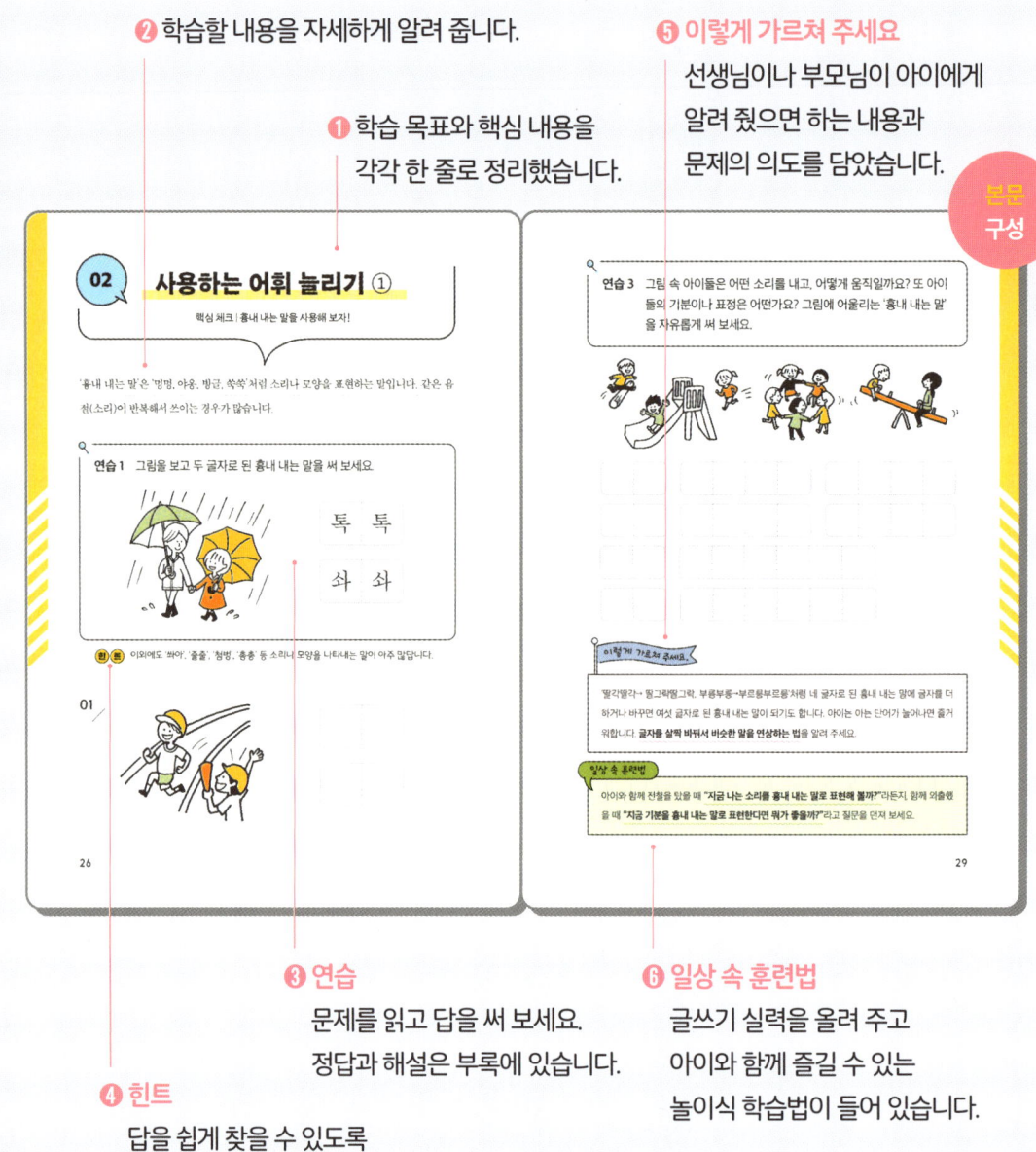

❷ 학습할 내용을 자세하게 알려 줍니다.

❶ 학습 목표와 핵심 내용을 각각 한 줄로 정리했습니다.

❺ 이렇게 가르쳐 주세요
선생님이나 부모님이 아이에게 알려 줬으면 하는 내용과 문제의 의도를 담았습니다.

본문 구성

❸ 연습
문제를 읽고 답을 써 보세요.
정답과 해설은 부록에 있습니다.

❻ 일상 속 훈련법
글쓰기 실력을 올려 주고 아이와 함께 즐길 수 있는 놀이식 학습법이 들어 있습니다.

❹ 힌트
답을 쉽게 찾을 수 있도록 힌트를 넣었습니다.

❼ 예시 답안

정답과 예시 답안이 담겨 있습니다.
힌트로 쓰기에도 좋습니다.

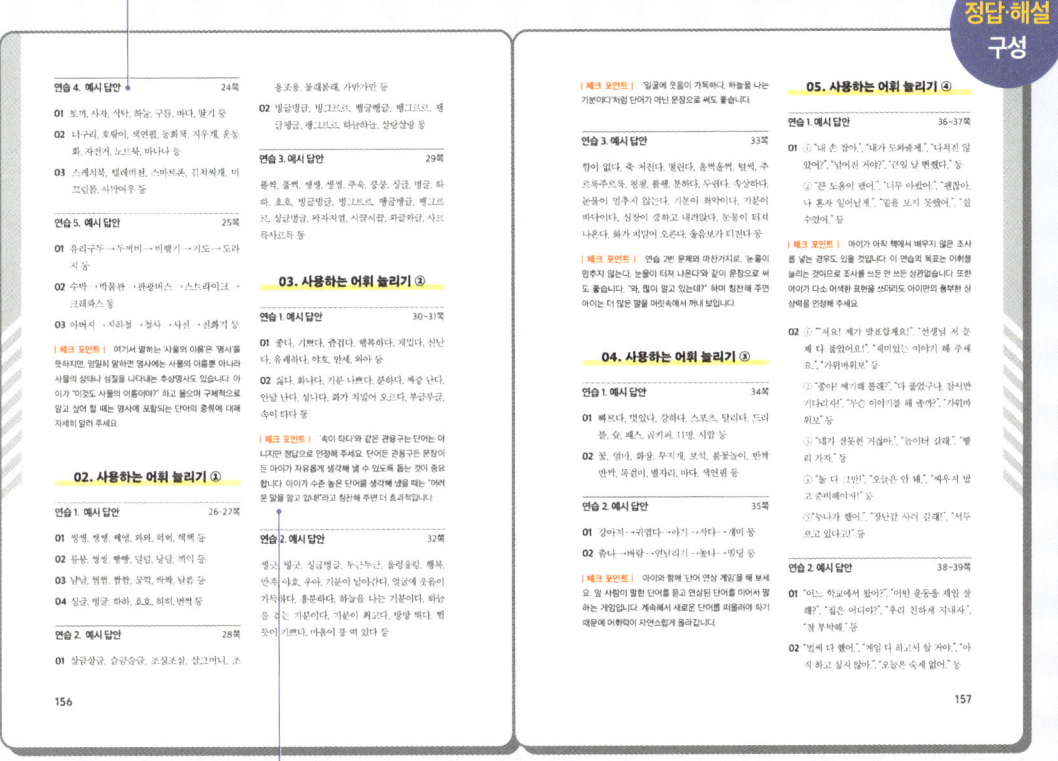

❽ 체크 포인트

정답과 함께 확인하면 좋을 내용과
아이에게 알려 주면 좋을 내용을 담아 두었습니다.

전용 원고지를 다운로드
URL https://cdn.hanbit.co.kr/examples/5336/wongoji_print.zip

1장

어휘력 키우기

자신의 감정이나 모습을 표현하는 단어를 많이 알고 있으면 문장을 쓰는 데 큰 도움을 받습니다. 1장에서는 재미있는 놀이를 통해 어휘력을 키우고, 문장 쓰기의 즐거움을 경험해 봅니다.

01 다양한 단어 써 보기

핵심 체크 | 쓸 수 있는 단어를 늘려 보자

연습 1 ☐ 안에 들어갈 사물의 이름을 써 보세요.

| 수 |
수	박
수	영	장
수	레	바	퀴

힌트 정해진 답은 없습니다. '나이스'나 '오케이' 같은 친숙한 영어 표현도 괜찮습니다.

01
가
가 ☐
가 ☐ ☐
가 ☐ ☐ ☐

02
바
바 ☐
바 ☐ ☐
바 ☐ ☐ ☐

20

연습 2   아래와 같이 ⬚ 안에 사물의 이름을 써 보세요.

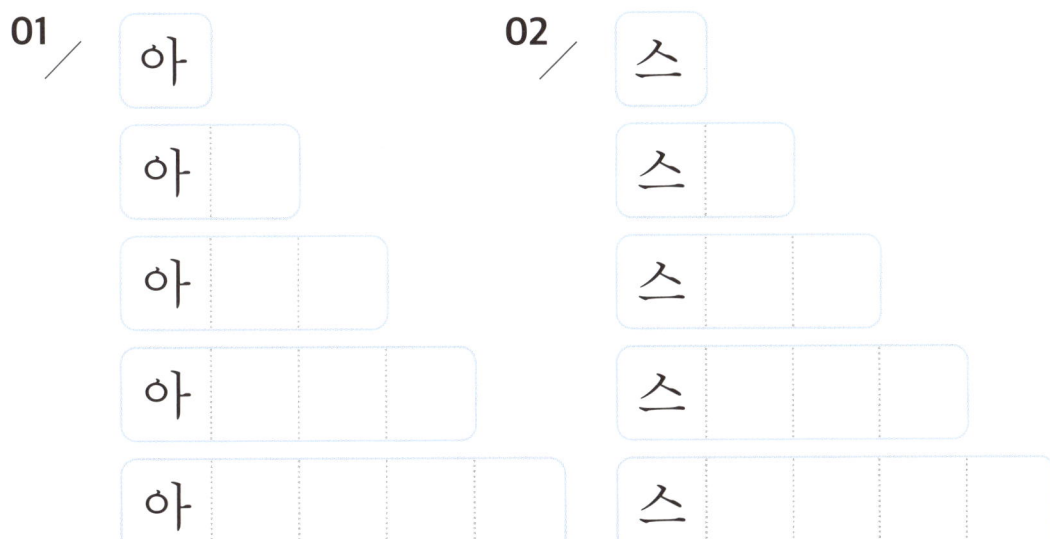

> **이렇게 가르쳐 주세요.**

처음에는 퀴즈를 맞히듯이 놀이를 통해 단어 쓰기에 익숙해지도록 도와주세요. **아이가 글자 쓰기를 두려워하지 않고 즐겁게 느끼도록 만드는 것이 이 연습의 목적입니다.** 이 단계에서는 띄어쓰기를 고려하지 말아 주세요.

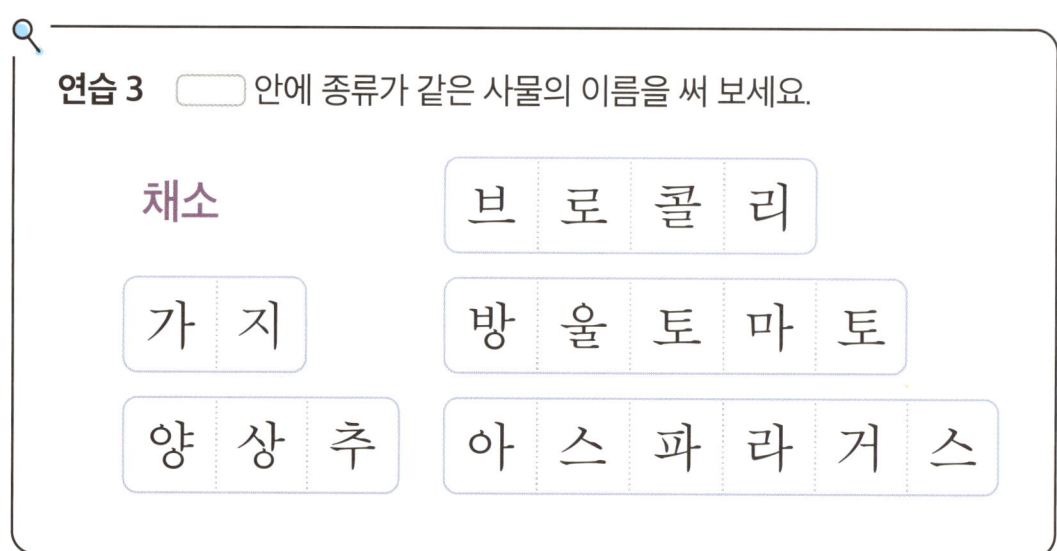

연습 3 ☐ 안에 종류가 같은 사물의 이름을 써 보세요.

채소 — 브로콜리 / 가지 / 방울토마토 / 양상추 / 아스파라거스

힌트 '케일, 파슬리, 셀러리' 같은 영어 이름도 많습니다.

01 / 동물

🚩 이렇게 가르쳐 주세요.

이 문제에는 정답이 무궁무진합니다. 글자 수가 많아질수록 어렵지만 그만큼 생각해 냈을 때 느끼는 기쁨도 커집니다. 아이가 잘 따라온다면 '5분 혹은 3분 안에 떠올리기'처럼 **시간을 재면서 연습해 보세요**. 아이의 의욕이 한층 더 올라갑니다. 아이는 물론 부모도 네 글자 이상인 사물의 이름을 쓰려고 하면 바로 떠오르지 않을 거예요. 이 책의 맨 뒤에 있는 '정답과 해설'을 보면서 힌트를 주길 권합니다.

02 탈것

03 학교에 있는 것

04 나라 이름

> **일상 속 훈련법**
>
> 아이와 함께 밥을 먹을 때 **"다섯 글자로 된 음식 이름은?"** 하고 묻거나, 지하철을 탔을 때 **"세 글자로 된 역 이름에는 뭐가 있을까?"** 같은 질문을 던져 보세요.

연습 4 ☐ 안에 사물의 이름을 써 보세요.

01 / 여 우

02 / 케 이 크

03 / 크 레 파 스

🚩 이렇게 가르쳐 주세요.

여기서 말하는 '**사물의 이름**'은 '**명사**'를 뜻합니다. '먹다'와 '즐겁게' 같은 동사나 형용사를 적는 아이도 있겠지만, 이때는 **"이게 사물의 이름일까?"** 하고 물으면서 단어의 종류에 대해 생각해 보게끔 도와주세요. 사물에는 물건, 사람, 동식물, 사건이 모두 포함된다고도 알려 주세요.

연습 5 사물의 이름을 써서 끝말잇기를 해 보세요. 중간에 끊기지 않도록 끝나는 말에 주의하세요. 글자 수는 두 글자 이상이면 다 좋아요.

고등어 → 어린이 → 이불 →
불고기 → 기관차 → 차고지

01

02

03

> **이렇게 가르쳐 주세요.**
>
> 문장은 단어와 단어를 조합해서 만들어집니다. 그리고 각 단어는 띄어 쓰는 것이 원칙이지요. 하지만 띄어쓰기를 가르쳐 보면 의외로 '단어'의 개념을 명확하게 알지 못하는 아이가 많습니다. 끝말잇기를 통해 여기서 나오는 **한 덩어리의 말이 '단어'**임을 아이가 자연스럽게 익히도록 지도해 주세요.

사용하는 어휘 늘리기 ①

핵심 체크 | 흉내 내는 말을 사용해 보자

'흉내 내는 말'은 '멍멍, 야옹, 빙글, 쑥쑥'처럼 소리나 모양을 표현하는 말입니다. 같은 음절(소리)이 반복해서 쓰이는 경우가 많습니다.

연습 1 그림을 보고 두 글자로 된 '흉내 내는 말'을 써 보세요.

힌트 이외에도 '쏴아', '줄줄', '첨벙', '총총' 등 소리나 모양을 나타내는 말이 아주 많답니다.

01

> 이렇게 가르쳐 주세요.

아는 단어가 많아지면 문장을 길게 쓸 수 있습니다. 특히 감정이나 모습을 나타내는 '꾸며 주는 말'을 많이 알면 문장을 점점 길게 쓸 수 있어 쓰기에 재미가 붙습니다. 꾸며 주는 말을 가르칠 때는 아이가 쉽게 이해할 수 있는 '흉내 내는 말'부터 시작해 보세요. 흉내 내는 말은 주로 의성어와 의태어를 가리킵니다. 의성어는 소리를 흉내 내는 말이고, 의태어는 모양을 흉내 내는 말입니다. 아이의 생각은 정해진 틀이 없어서 어른이라면 결코 떠올리지 못하는 말을 쓰기도 합니다. 어른들에게는 조금 어색한 표현이라도 아이만의 감수성을 존중해 주세요.

연습 2 그림을 보고 네 글자 이상으로 이루어진 '흉내 내는 말'을 써 보세요.

흉내 내는 말에는 '뒤뚱뒤뚱, 깡충깡충, 달그락달그락, 주르륵주르륵'처럼 네 글자 이상으로 이루어진 단어가 많습니다.

힌트 그림 속 사람이 어떻게 움직이고 있는지 상상해 보세요.

연습 3 그림 속 아이들은 어떤 소리를 내고, 어떻게 움직일까요? 또 아이들의 기분이나 표정은 어떤가요? 그림에 어울리는 '흉내 내는 말'을 자유롭게 써 보세요.

이렇게 가르쳐 주세요.

'딸각딸각→ 딸그락딸그락, 부릉부릉→부르릉부르릉'처럼 네 글자로 된 흉내 내는 말에 글자를 더하거나 바꾸면 여섯 글자로 된 흉내 내는 말이 되기도 합니다. 아이는 아는 단어가 늘어나면 즐거워합니다. **글자를 살짝 바꿔서 비슷한 말을 연상하는 법**을 알려 주세요.

일상 속 훈련법

아이와 함께 전철을 탔을 때 **"지금 나는 소리를 흉내 내는 말로 표현해 볼까?"**라든지, 함께 외출했을 때 **"지금 기분을 흉내 내는 말로 표현한다면 뭐가 좋을까?"**라고 질문을 던져 보세요.

03 사용하는 어휘 늘리기 ②

핵심 체크 | 모습이나 감정을 표현하는 단어를 알아보자

연습 1 그림을 보고 '모습이나 감정을 표현하는 말'을 써 보세요.

엉엉   훌쩍훌쩍
불안   슬프다
외롭다   괴롭다

힌트 앞에서 배운 흉내 내는 말을 넣어도 좋지만, 그 외에도 모습이나 감정을 나타내는 말이 아주 많습니다. 천천히 생각해 보세요.

이렇게 가르쳐 주세요.

모습을 나타내는 말과 감정을 나타내는 말로 세세하게 나누면 아이가 어려워합니다. **'모습이나 감정을 나타내는 말'** 과 같이 하나로 묶어서 가르쳐 주세요. 아이가 다양한 감정 표현을 익힐 수 있도록 《아홉 살 마음 사전》 등을 이용해도 좋아요.

01

02

> **일상 속 훈련법**
>
> "지난번에 갔던 동물원은 어떤 모습이었지?" 혹은 "고양이를 쓰다듬었을 때는 어떤 기분이었어?" 처럼 **아이가 겪은 일이나 좋아하는 것을 중심으로 모습이나 감정에 대해 물으면** 재미있게 배울 수 있습니다.

🔍
연습 2 아래 그림에 즐거운 모습이나 감정을 표현하는 말을 되도록 많이 써 보세요.

힌트 즐거울 때 어떤 느낌이 드는지 떠올려 보세요!

즐거운 나무

기쁘다

들뜨다

이렇게 가르쳐 주세요.

일기를 쓰든 독서 감상문을 쓰든 인간의 '희로애락'을 표현하는 어휘를 많이 알고 있으면 **글을 쓰는 속도가 빨라집니다.** 게다가 문장의 완성도도 높아지지요. 여기서는 주로 글쓰기를 할 때 많이 쓰는 기쁨, 즐거움, 슬픔에 관한 어휘를 연습해 봅니다.

연습 3 아래 그림에 슬픈 모습이나 감정을 표현하는 말을 되도록 많이 써 보세요.

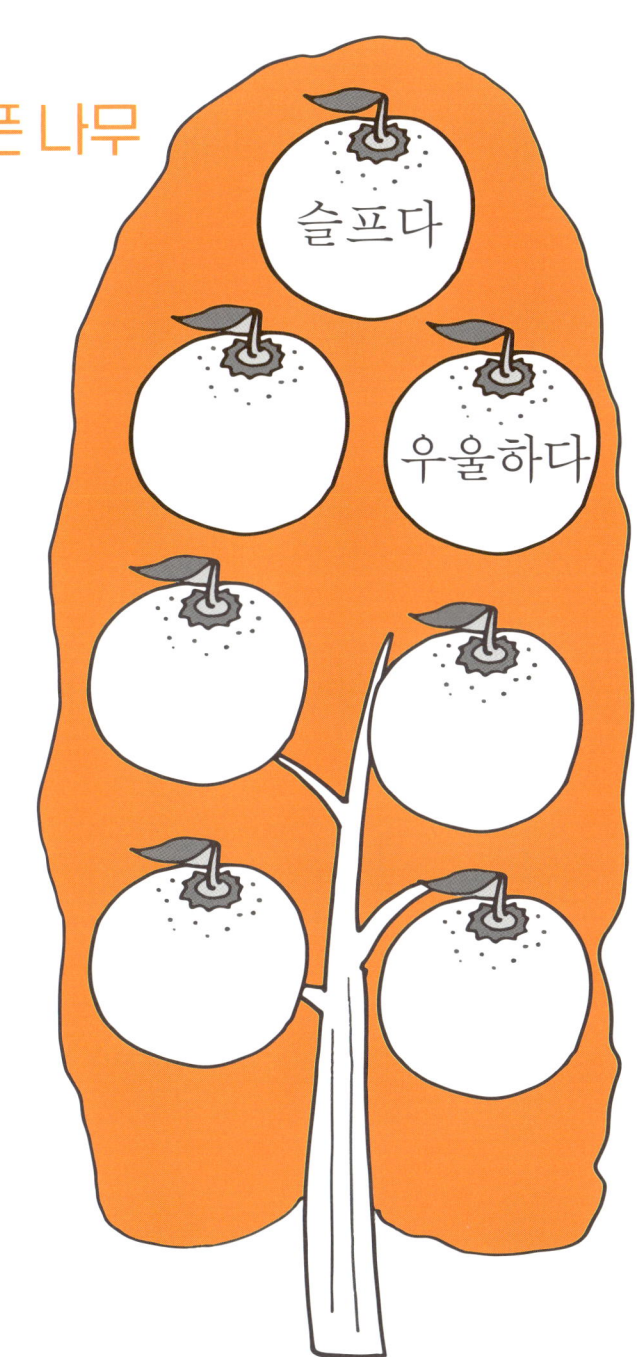

일상 속 훈련법

똑같이 즐거운 기분이라도 '신난다'보다는 '설렌다'라는 표현을 썼을 때 감정이 더 풍부하게 전해집니다. "와, 그 표현은 100점짜리인데?", "음, 그 정도면 80점 정도랄까?"처럼 **주관적인 기준이라도 좋으니 아이가 쓴 어휘에 점수를 매겨 보세요.** 이렇게 하면 아이는 100점짜리 표현을 쓰고 싶다는 생각에 책, 사전, 어른들의 대화 속에서 좋은 말을 찾아내고 따라 합니다.

04 사용하는 어휘 늘리기 ③

핵심 체크 | 단어를 연달아 떠올려 보자

🔍 **연습 1** 제시된 단어를 보고 머릿속에 떠오르는 말을 써 보세요.

사과 하면 달다

힌트 '사과' 하면 '달다'뿐 아니라 '둥글다', '새콤하다' 등 여러 가지 단어가 떠오를 수 있습니다. 자유롭게 떠올려 보세요.

01 축구 하면 ☐

02 예쁘다 하면 ☐

🚩 **이렇게 가르쳐 주세요.**

교실에서도 마인드맵과 비슷한 '생각 그물'이나 '연꽃 기법' 같은 생각 끌어올리기 활동을 자주 합니다. 동그라미 안에 단어를 쓰고 가지를 여러 개 뻗게 만들어서 떠오르는 단어를 써 보게 하면 좋습니다.

연습 2 제시된 단어를 보고 떠오르는 말을 연달아 써 보세요.

맛있다 하면 케이크 하면

딸기 하면 빨갛다

힌트 '원숭이 엉덩이는 빨개 / 빨간 건 사과 / 사과는 맛있어' 노래의 음을 떠올리며 써 보세요.

01 강아지 하면 ☐ 하면 ☐ 하면 ☐

02 춥다 하면 ☐ 하면 ☐ 하면 ☐

일상 속 훈련법

아이가 책상 앞에 있지 않을 때도 놀이처럼 **"~ 하면 생각나는 건?" 같은 질문을 일상적으로 던져 보세요.** 순간순간 다양한 말을 머릿속에 떠올리는 훈련을 하다 보면 자연스럽게 문장을 쓰는 속도가 빨라지고 글쓰기에 대한 부담감도 사라집니다.

05 사용하는 어휘 늘리기 ④

핵심 체크 | 대화문을 사용해 보자

등장인물의 대사나 이야기할 때 쓰는 말을 '대화문'이라고 합니다.

🔍 **연습 1** 제시된 단어를 보고 머릿속에 떠오르는 말을 써 보세요.

01 /

❶ 개구리의 말풍선에 들어갈 말을 써 보세요. 예) 괜찮아?

❷ 토끼의 말풍선에 들어갈 말을 써 보세요. 예) 고마워.

02

❶ 아이의 말풍선에 들어갈 말을 써 보세요.

❷ 남자 어른의 말풍선에 들어갈 말을 써 보세요.

❸ 여자아이의 말풍선에 들어갈 말을 써 보세요.

❹ 엄마의 말풍선에 들어갈 말을 써 보세요.

❺ 남자아이의 말풍선에 들어갈 말을 써 보세요.

대화문은 "깜짝 놀랐어.", "정말 재밌다."처럼 큰따옴표(" ") 안에 씁니다.

> **연습 2** 그림을 보고 말풍선에 들어갈 대화문을 써 보세요.

01 아래 글을 읽고 ★에 들어갈 대화문을 ☐ 안에 써 보세요.

우리 반에 전학생이 왔는데 내 옆자리에 앉게 되었다.
나는 ★이라고 말을 걸었다.

예) "안녕, 나는 지원이야. 가방 정리 끝나면 나랑 학교 구경 갈래?"

02 아래 글을 읽고 ★에 들어갈 대화문을 ⬚ 안에 써 보세요.

게임을 하고 있는데 아빠가 "숙제는 다 했니?"라고 물어보셨다.
나는 ★이라고 대답했다.

⬚

03 아래 글을 읽고 ❶, ❷에 들어갈 대화문을 ⬚ 안에 써 보세요.

책가방을 열자 커다란 벌레가 튀어나왔다. 나는 ❶ 하고 소리를 질렀다.
그 소리에 놀란 엄마가 ❷ 하며 달려오셨다.

❶ ⬚

❷ ⬚

대화문과 달리 마음속으로 한 말은 작은따옴표(' ') 안에 씁니다.

연습 3 그림을 보고 마음속으로 한 말을 다양하게 써 보세요.

01

02

이렇게 가르쳐 주세요.

대화문을 사용하면 생생한 문장을 쓸 수 있습니다. 5장에서 배우겠지만 큰따옴표 안에 넣어야 하는 대화문은 원고지에 쓸 때 줄을 바꿔야 합니다. **자연스럽게 칸을 채울 수 있어 글쓰기에 자신감이 붙습니다.** 소리 내서 한 대화뿐 아니라 마음속으로 한 말도 작은따옴표 안에 넣어 쓸 수 있습니다. 이 점도 꼭 알려 주세요.

일상 속 훈련법

집에서 TV를 볼 때 "사진 속 동물은 뭐라고 말하고 있을까요?"와 같은 퀴즈를 내 보세요. 이것도 일종의 대화문을 생각해 보는 문제이지요. **집에서도 이런 놀이를 하면서 아이가 다양한 대화문을 생각할 수 있도록 유도해 주세요.** 또 아이에게 책을 읽어 주다가 대화문이 나오면 잠시 멈춘 다음 "이 사람은 여기서 뭐라고 말했을까?"라고 물어보는 것도 대화문을 연습하는 좋은 방법입니다.

2장

문장 만들기

2장에서는 아래 세 가지를 배웁니다.

① 단어를 조합하여 문장 만들기

② 단어의 순서를 바꿔서 뜻이 같은 문장 만들기

③ 단어를 다양하게 사용해서 더 긴 문장 만들기

앞에서도 말했지만 1~3장에서는 조사를 배우지 않습니다. 먼저 2장에서 ①~③을 익힌 다음 아이에게 '얼마든지 긴 문장을 쓸 수 있다'는 자신감이 생기면 다음 단계로 넘어가 주세요.

짧은 문장 만들기

핵심 체크 | '무엇'+'어떻게'를 사용하여 문장을 만들어 보자

'장미꽃'처럼 '무엇'에 해당하는 말과 '피었다, 예쁘다, 샀다'와 같이 '어떻게'에 해당하는 말을 이어서 문장을 만들 수 있습니다. 공책에 쓸 때는 '무엇'과 '어떻게' 사이를 한 칸 띄어 주세요.

무엇
장미꽃

어떻게
피었다
예쁘다
샀다

🔍 **연습 1** 무엇과 이어질 만한 어떻게에 해당하는 말을 ☐ 안에 써 보세요.

01
무엇 눈
어떻게 　　　　　　예) 차갑다

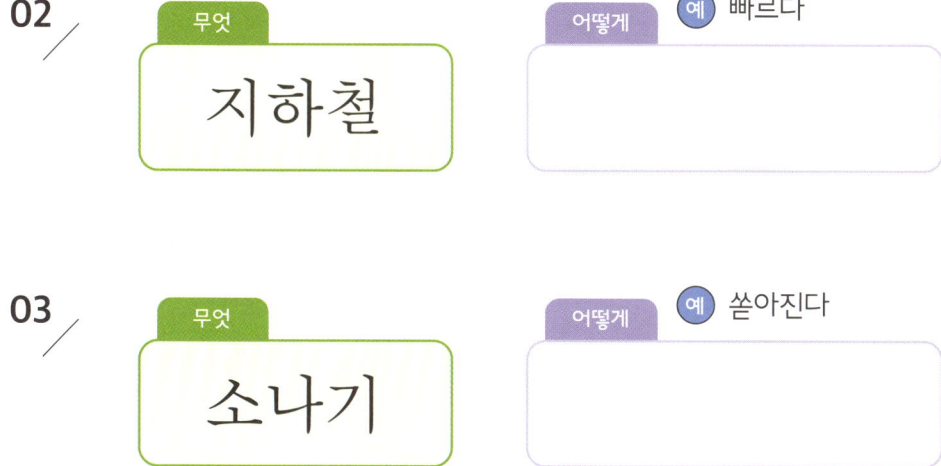

02 무엇: 지하철 어떻게: 예) 빠르다

03 무엇: 소나기 어떻게: 예) 쏟아진다

이렇게 가르쳐 주세요.

이 책에서는 '주어(~이, ~가)+서술어' 개념을 사용하지 않고 '무엇+어떻게'라는 구성으로 문장 쓰기를 연습합니다. 이후 4장에서는 여기에 조사 넣는 법을 배웁니다.

'무엇+어떻게'는 '주어+서술어' 개념과 조금 다릅니다. 예를 들면 '장미꽃(이) 예쁘다', '장미꽃(은) 피었다'라는 문장에서 '장미꽃'은 주어가 됩니다. 하지만 '무엇+어떻게' 구문에서는 '장미꽃(을) 샀다'처럼 장미꽃이 목적어가 되는 경우도 있습니다.

주어와 서술어에 대해 배울 때 '장미꽃(을) 샀다'라는 문장은 '주어+서술어' 형식이 아니므로 이 문장에서 '샀다'는 서술어가 아니라고 생각하기 쉽습니다. 바로 이러한 부분 때문에 아이들은 글쓰기가 어렵다고 느낍니다. 하지만 주어를 생략한 '장미꽃(을) 샀다'와 같은 문장은 국어 교과서에도 자주 나옵니다.

이 책에서는 **'장미꽃 예쁘다'와 '장미꽃 샀다'라는 두 문장을 '무엇+어떻게'라는 구문으로 똑같이 다루며 둘 다 정답으로 봅니다.** 다만 조사를 넣지 않는 대신 '무엇'과 '어떻게' 사이는 한 칸 띄어 쓰도록 가르쳐 주세요.

연습 2 아래와 같이 **어떻게**와 이어질 만한 **무엇**에 해당하는 말 세 가지를 생각해 보세요.

01

무엇 · 예 프로레슬러

어떻게
강하다

02

무엇 · 예 시합

어떻게
열심히 했다

힌트 34쪽 '사용하는 어휘 늘리기 ③'처럼 " '열심히 했다' 하면 생각나는 건?" 하고 질문하면 쉬워요.

03 무엇 예 쉬는 시간

어떻게 즐겁다

04 무엇 예 책가방

어떻게 무겁다

이렇게 가르쳐 주세요.

아이가 많이 어려워하면 '무엇'에 들어가는 말은 주로 **'사물의 이름을 가리키는 명사'**임을 알려 주세요. 마찬가지로 **'어떻게'**에 들어가는 말은 **'사람이나 사물의 움직임을 나타내는 말인 동사'** 또는 **'사람이나 사물의 성질 혹은 상태를 표현하는 말인 형용사'**임을 가르쳐 주세요.

연습 3 아래 단어를 사용해서 **무엇**+**어떻게**로 이루어진 문장을 만들어 보세요. 같은 말을 여러 번 써도 좋습니다.

무엇
스키, 운동장, 바다, 구멍, 못, 북, 계단, 씨름 선수, 체온계, 옷, 털실

어떻게
더럽다, 오르다, 미끄러지다, 입다, 길다, 재다, 헤엄치다, 달리다, 크다, 짜다, 깊다, 차갑다, 치다

01 | 무엇 | 어떻게 |
02 | | |
03 | | |
04 | | |
05 | | |
06 | | |

연습 4 아래 단어를 사용해서 무엇+어떻게로 이루어진 문장을 만들어 보세요. 같은 말을 여러 번 써도 좋습니다.

얼음, 크다, 뜨겁다, 아름답다, 치다, 접히다, 만들다, 산, 컵, 기린, 가늘다, 화내다, 깨지다, 계란말이, 먹다, 피아노, 높다, 총, 목욕, 맛있다, 엄마, 연필

	무엇	어떻게
01		
02		
03		
04		
05		
06		

 ## 꾸며 주는 말 사용하기 ①

핵심 체크 | 소리나 모양을 표현하는 '흉내 내는 말'을 사용해서 문장을 만들어 보자

'무엇'과 '어떻게' 사이에 모습이나 감정을 나타내는 '꾸며 주는 말'을 넣으면 더 자세하고 긴 문장을 만들 수 있습니다. '꾸며 주는 말' 중에는 흉내 내는 말이 있습니다. 예를 들어 '소풍 기대된다'만으로도 문장이 완성되지만 이 사이에 '룰루랄라'나 '두근두근'과 같은 소리나 모양을 흉내 내는 말을 넣으면 훨씬 구체적인 문장이 되어 감정이나 모습을 더 실감 나게 전달할 수 있습니다.

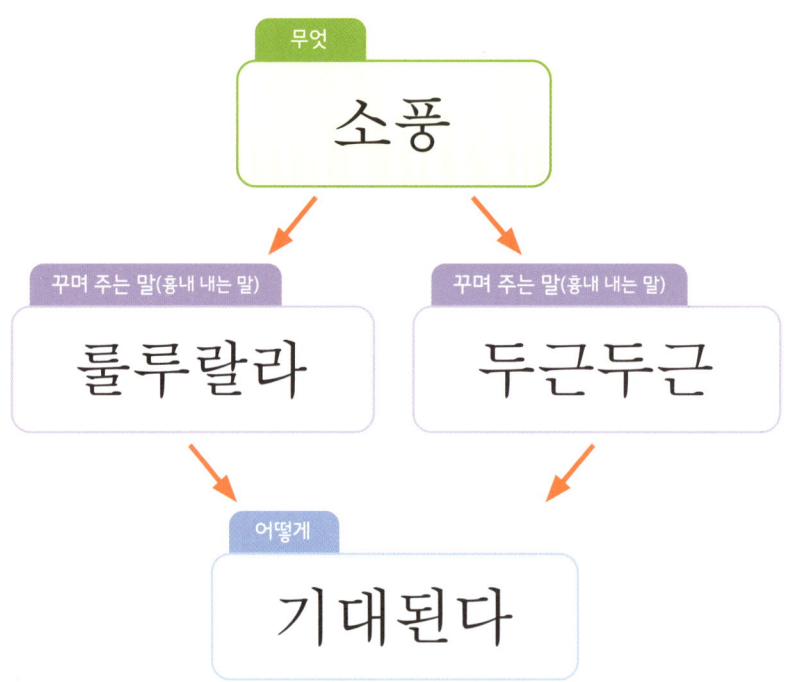

힌트 흉내 내는 말은 소리나 모양을 표현하는 말입니다. '멍멍, 뒤뚱뒤뚱, 달그락달그락'처럼 같은 음절(소리)이 반복되는 경우가 많지요. 잊어버렸다면 26~29쪽을 다시 살펴보세요.

연습 1 ☐ 안에 흉내 내는 말을 써 보세요.

> 이렇게 가르쳐 주세요.

'꾸며 주는 말'은 수식어를 뜻하지만 아이에게는 '모습이나 감정을 나타내는 말'이라고 알려 주면 **쉽게 이해합니다.** 특히 저학년 아이들은 흉내 내는 말인 의성어와 의태어를 먼저 배우면 꾸며 주는 말의 개념을 쉽게 파악합니다. 어른들이 보기에는 '소풍 룰루랄라 기대된다'와 같은 문장이 이상하고 어색할 겁니다. 하지만 조사 없이 단어를 조합해 보는 연습은 **아이들에게 문장을 쉽고 빠르게 쓸 수 있는 지름길이 되어 줍니다.**

연습 2 아래와 같이 **무엇**에 이어지도록 ◯ 안에 **흉내 내는 말**과 **어떻게**에 해당하는 말을 써 보세요.

연습 3 아래와 같이 어떻게와 이어지도록 ◯ 안에 무엇에 해당하는 말과 흉내 내는 말을 써 보세요.

꾸며 주는 말 사용하기 ②

핵심 체크 | 모습이나 감정을 나타내는 '꾸며 주는 말'을 사용해서 문장을 만들어 보자

흉내 내는 말 외에도 모습이나 감정을 나타내는 '꾸며 주는 말'을 사용하면 문장을 길게 쓸 수 있습니다. 아래 문장에서는 '매우, 굉장히, 잠 안 올 만큼'이 꾸며 주는 말에 속합니다.

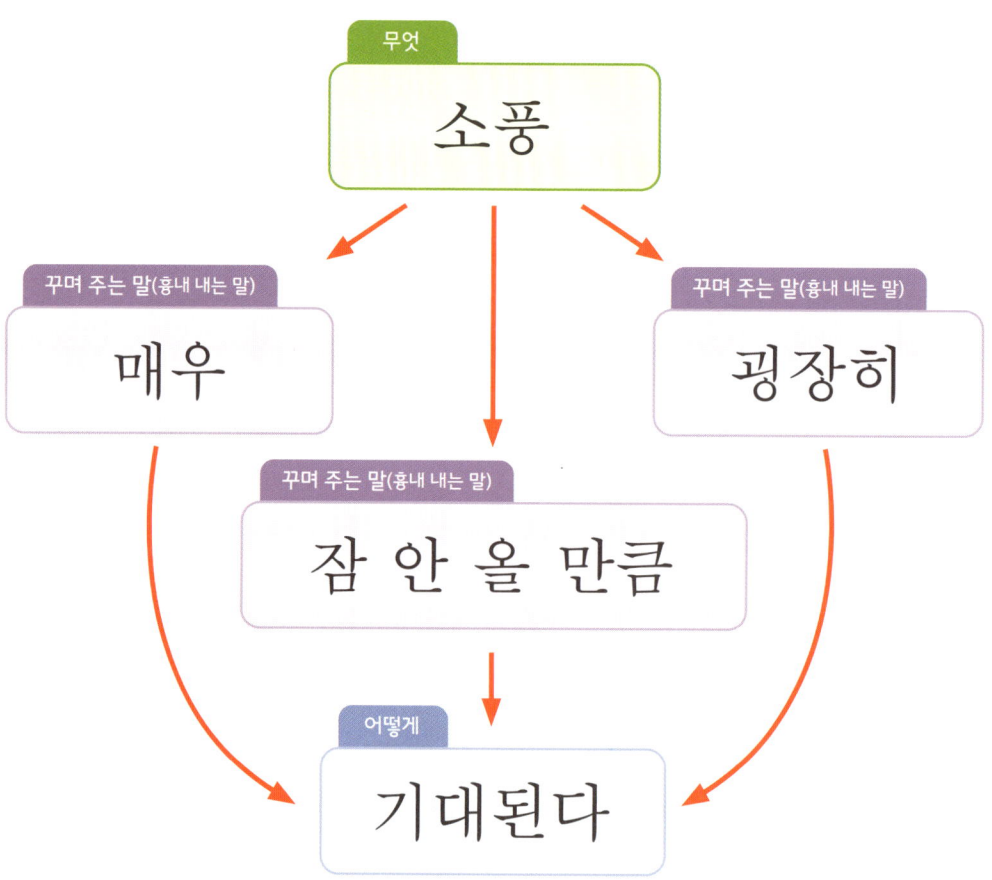

🔍 **연습 1** ☐ 안에 흉내 내는 말을 뺀 <u>꾸며 주는 말</u>을 써 보세요.

🚩 이렇게 가르쳐 주세요.

엄밀하게 말하면 '산 내일 오르다'라고 했을 때 '내일'도 수식어에 해당합니다. 예의 '등산화 신고'처럼 단어가 아닌 구를 써도 정답으로 인정해 주세요. **'꾸며 주는 말'은 '무엇'이나 '어떻게' 중 하나를 더 자세하게 설명하는 수식어입니다.** 꾸며 주는 말에는 앞에서 배운 '흉내 내는 말'도 있지만 모습이나 감정을 나타내는 말이 더 많다는 걸 알려 주세요. 그리고 여기서는 흉내 내는 말을 뺀 꾸며 주는 말을 찾아서 써 보자고 해 보세요.

연습 2 ☐ 안에 **무엇**과 **어떻게** 사이에 들어갈 **꾸며 주는 말**을 써 보세요. 첫 번째에는 꾸며 주는 말, 두 번째에는 흉내 내는 말을 써주면 더 좋아요.

01

무엇: 비밀
꾸며 주는 말(흉내 내는 말):
어떻게: 털어놓다

02

무엇: 그림책
꾸며 주는 말(흉내 내는 말):
어떻게: 읽다

03

무엇: 새
꾸며 주는 말(흉내 내는 말):
어떻게: 날아가다

04

무엇: 문
꾸며 주는 말(흉내 내는 말):
어떻게: 두드리다

04 여섯 가지 형식의 문장 만들기

핵심 체크 | 단어의 순서를 바꿔 여섯 가지 형식의 문장을 만들어 보자

문장에는 여섯 가지 형식이 있습니다. 아래에 있는 문장 여섯 개에서 알 수 있듯이 어떤 형식을 사용하든 문장의 뜻은 같습니다. 따라서 문장을 쓸 때 단어를 어떤 순서로 나열하느냐는 중요하지 않습니다. 자신에게 편한 형식을 사용해서 문장을 만들어 보세요.

① [무엇] 소풍 [꾸며 주는 말] 룰루랄라 [어떻게] 기대된다

② [무엇] 소풍 [어떻게] 기대된다 [꾸며 주는 말] 룰루랄라

③ [꾸며 주는 말] 룰루랄라 [무엇] 소풍 [어떻게] 기대된다

④ [꾸며 주는 말] 룰루랄라 [어떻게] 기대된다 [무엇] 소풍

⑤ [어떻게] 기대된다 [무엇] 소풍 [꾸며 주는 말] 룰루랄라

⑥ [어떻게] 기대된다 [꾸며 주는 말] 룰루랄라 [무엇] 소풍

연습 1 아래와 같이 단어의 순서를 바꿔서 문장을 만들어 보세요.

01

무엇	꾸며 주는 말(흉내 내는 말)	어떻게
테니스	탕탕	치다

예) 테니스 / 치다 / 탕탕

①
②
③
④

02

무엇	꾸며 주는 말(흉내 내는 말)	어떻게
돌고래	높이	뛰어오르다

①
②
③
④
⑤

연습 2 아래와 같이 단어의 순서를 바꿔서 문장을 만들어 보세요.

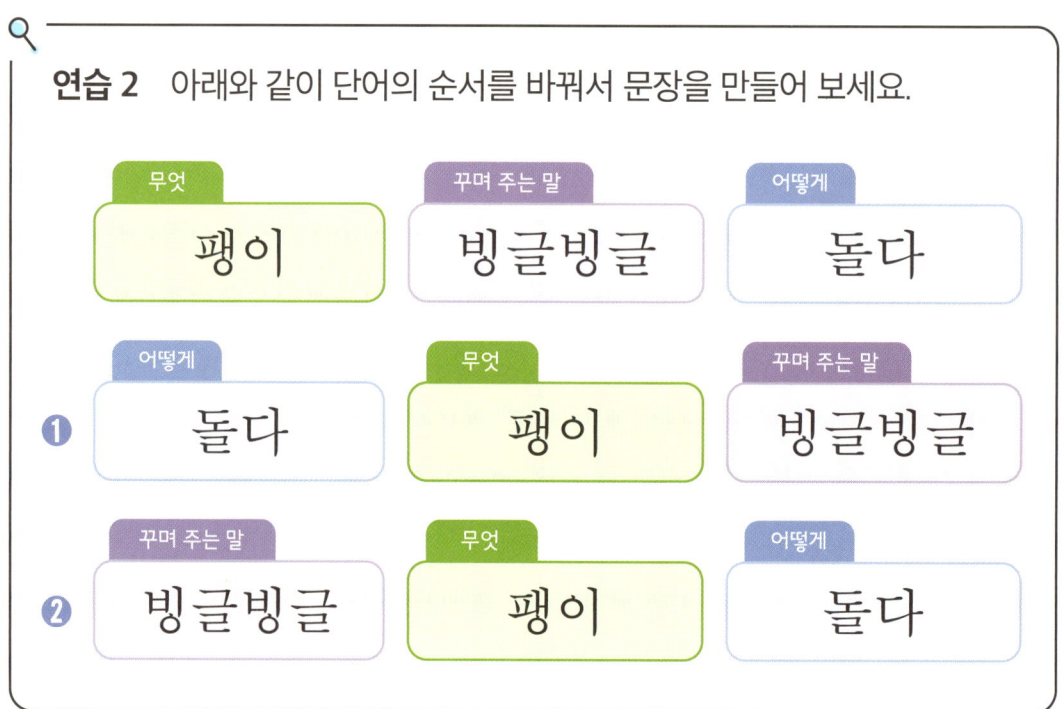

01

05 긴 문장 만들기 ①

핵심 체크 | '대화문'을 사용해서 문장을 길게 써 보자

'무엇'+'꾸며 주는 말'+'어떻게' 구문에 '대화문'을 넣으면 문장을 더 길게 쓸 수 있습니다.

무엇 소풍 **꾸며 주는 말** 룰루랄라 **어떻게** 기대된다

대화문 "못 견디겠어."

↓

무엇 소풍 **꾸며 주는 말** 룰루랄라

대화문 "못 견디겠어." **어떻게** 기대된다

이렇게 가르쳐 주세요.

대화문을 넣어서 문장을 길게 만들어 보는 연습입니다. 아이들은 긴 문장을 쓸 수 있다는 사실에 어른들이 생각하는 것 이상으로 자부심을 크게 느낍니다. **문장을 길게 쓰고 싶을 땐 대화문을 넣도록 가르쳐 주세요.**

일상 속 훈련법

처음부터 답을 글로 적는 아이도 있지만, 입으로 말한 다음에야 쓸 수 있는 아이도 있습니다. 연습 문제를 풀 때 생각하는 데 시간이 오래 걸리고, 쉽게 손이 멈추는 아이라면 먼저 입으로 답을 말하게 해 보세요. **"여기에는 어떤 말이 들어가면 좋을까?"** 하고 물어서 아이가 말로 표현해 보게 하면 문제 풀기가 훨씬 수월해집니다.

긴 문장 만들기 ②

핵심 체크 | 다양한 어휘를 사용해서 문장을 점점 길게 만들어 보자

'무엇'+'어떻게' 구문에 '꾸며 주는 말'과 '대화문'을 넣으면 문장이 점점 길어집니다.

장미꽃   샀다

↓

장미꽃   [꾸며 주는 말] 많이   샀다

↓

장미꽃   [어떻게] 예쁘다   많이   샀다

↓

장미꽃   예쁘다   많이   샀다   [꾸며 주는 말] 룰루랄라

↓

장미꽃   [꾸며 주는 말] 아주   예쁘다   많이   샀다   룰루랄라

↓

장미꽃   아주   예쁘다   [대화문] "갖고 싶다."   많이   샀다   룰루랄라

연습 아래 ❶, ❷와 같이 꾸며 주는 말과 대화문을 넣어서 문장을 길게 만들어 보세요.

소풍   두근두근   기다리기 힘들다

❶ 소풍   두근두근   [꾸며 주는 말: 기대돼서]   기다리기 힘들다

❷ [대화문: "아직 멀었네."]   소풍   두근두근   기다리기 힘들다

01
콩주머니   한꺼번에   던지다

❶ 콩주머니   한꺼번에   [꾸며 주는 말:]   던지다

❷ 콩주머니   [대화문:]   한꺼번에   던지다

02
책가방   반짝반짝   깨끗하다

❶ [대화문:]   책가방   반짝반짝   깨끗하다

❷ 책가방   반짝반짝   [꾸며 주는 말:]   깨끗하다

힌트 '꾸며 주는 말'과 '대화문'을 사용하면 문장이 점점 길어져요!

03

① 교가   다 같이   부르다   [대화문]

② 교가   [꾸며 주는 말]   다 같이   부르다

04

① 선물   [꾸며 주는 말]   많이   샀다

② 선물   [대화문]   많이   샀다

> **이렇게 가르쳐 주세요.**
>
> 2장에서는 아래 세 가지를 배웠습니다.
>
> ① 단어를 조합하여 문장 만들기
> ② 단어의 순서를 바꿔서 뜻이 같은 문장 만들기
> ③ 단어를 다양하게 사용해서 더 긴 문장 만들기
>
> 아이가 문장을 길게 쓰는 것이 어렵지 않다고 느끼면 다음 단계로 넘어가 주세요.

> **일상 속 훈련법**
>
> 교과서나 책을 읽어 줄 때 잠시 멈춰서 문제를 내 보세요. " '곰이 토끼에게 ○○○○라고 말했습니다.' 여기에는 어떤 대화문이 들어가면 좋을까?"와 같이 퀴즈처럼 문제를 내면 아이들은 흥미를 갖고 답을 찾기 시작합니다. 책 속 문장과 조금 동떨어진 답을 내놓더라도 **"와, 생각지도 못한 전개 방식인데?"**와 같은 반응으로 아이의 창의적인 발상을 칭찬해 주세요.

3장

연결하기

3장에서는 문장과 문장을 연결해 주는 말인 접속사를 배웁니다.

● 긴 문장 쓰기(2장)

● 문장과 문장 연결하기(3장)

위 두 가지가 가능해지면 글쓰기에 점점 재미가 붙습니다. 처음 배울 때는 문장을 정확하게 쓰는 것보다 연필을 놓지 않고 긴 문장을 막힘없이 써 보는 데 초점을 맞춰 주세요.

이어 주는 말 찾기

핵심 체크 | 문장과 문장을 연결해 주는 말인 '이어 주는 말'을 알아보자

문장과 문장을 연결해 주는 말을 '이어 주는 말'이라고 합니다. 아래 문장에서는 '그래서'가 이어 주는 말입니다. 이어 주는 말에는 다양한 종류가 있습니다.

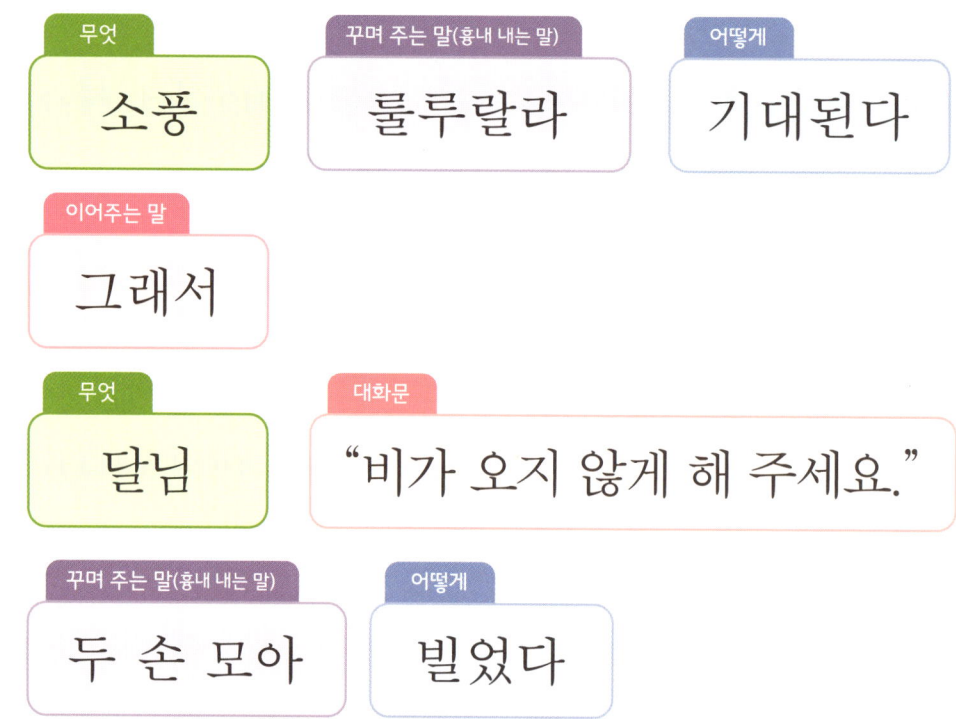

🔍 **연습** 아래와 같이 문장 안에 있는 **이어 주는 말**을 찾아 ○표 해 보세요.

놀이공원 모두 즐겁다 (하지만) 큰비 내려서 허둥대다

01 어미 개 배 불룩해졌다 이윽고 작은 강아지 다섯 마리 태어났다

02 저녁밥 전혀 먹을 수 없다 왜냐하면 간식 많이 먹었다

03 "위험해!" 외쳤다 그러나 공 부딪혔다 "아파."

04 잠자리 휙휙 많이 날고 있다 그래서 하늘 혼잡하다

05 숙제 끝냈다 그러고서 게임 이어서 한다 "좋아, 해 보는 거야."

06 사과 달아서 좋아한다 그리고 복숭아 역시 달아서 좋아한다

02 이어 주는 말 사용하기 ①

핵심 체크 | '이어 주는 말'을 다양하게 사용해 보자

연습 1 앞 문장을 읽고 이어 주는 말 다음에 나올 문장을 찾아 줄로 이어 주세요.

01

❶ 체온 높게 나왔다 　그래서　 • • 못 알아볼 만큼 깨끗하다

❷ 산 갈까? 　아니면　 • • 학교 쉬었다

❸ 흙투성이 신발 빨았다 　그러자　 • • 바다 갈까?

02

❶ 바람 강하게 불어왔다 　그리고　 • • "깜짝이야." 달려서 도망쳤다

❷ 개 멍멍 짖는다 　그래서　 • • 모습 보이지 않는다

❸ 매미 맴맴 운다 　하지만　 • • 깃발 세차게 펄럭인다

❹ 재미있는 영화 봤다 　게다가　 • • 레스토랑 저녁 먹는다

연습 2 앞 문장과 연결되는 이어 주는 말과 뒤 문장을 찾아서 줄로 이어 주세요.

01

❶ 이제 곧 겨울 온다 • • 적어도   오늘 10쪽

❷ 얼굴색 좋지 않다 • • 그렇기 때문에   좀처럼 약속 잡지 않는다

❸ 엄마 일 바쁘다 • • 왜냐하면   배 계속 아프다

❹ 저녁 식사 후
책 읽는다 • • 그래서   장갑 선물 받았다

02

❶ 미술관 사진 촬영
허락받았다 • • 게다가   조각상 만질 수 있다

❷ 줄넘기 잘 못한다 • • 그렇다고   고기 먹고 싶지도 않다

❸ 통학로 공사 중
지나갈 수 없다 • • 그러나   포기하지 않고 도전하다

❹ 생선 먹고 싶지 않다 • • 그래서   다른 길 갔다

연습 3 앞 문장과 연결되는 이어 주는 말과 뒤 문장을 찾아서 줄로 이어 주세요.

01

❶ 밤하늘 올려봤다 • • 그러자 • • 별똥별 떨어졌다

❷ 아빠 똑똑하다 • • 그런데 • • 버스 탈까?

❸ 전반전 앞섰다 기뻤다 • • 게다가 • • 엄청 잘생겼다

❹ 걸어서 갈까? • • 아니면 • • 마지막 역전당했다

02

❶ 기침 콧물 나온다 • • 게다가 • • 병원 갔다

❷ 이 멜론 먹고 싶다 • • 그래서 • • 향이 좋아서 맛있어 보인다

❸ 친구 운동 잘한다 • • 그런데 • • 성격 좋다

❹ 여름방학 벌써 끝났다 • • 왜냐하면 • • 숙제 다 했나?

03

❶ 비 그쳤다 • • 더구나 • • 오늘 가격 싸다

❷ 스웨터 입었다 • • 아니면 • • 더워서 벗었다

❸ 텔레비전 볼까? • • 하지만 • • 게임 할까?

❹ 수박 맛있어 보인다 • • 그러므로 • • 놀이터 놀 수 있다

04

❶ 무거운 짐 많다 • • 그러나 • • 피아노 칠 수 있다

❷ 세뱃돈 많이 받고 싶다 • • 그래서 • • 택시 탔다

❸ 급식 제일 좋아하는 카레 • • 게다가 • • 한 그릇 더 먹지 못했다

❹ 리코더 잘 분다 • • 왜냐하면 • • 사고 싶은 물건 많다

03 이어 주는 말 사용하기 ②

핵심 체크 | '이어 주는 말'로 문장을 연결해 보자

연습 1 아래와 같이 문장에 알맞은 **이어 주는 말**을 써 보세요.

저녁밥 많이 먹었다 [이어 주는 말: 그런데도] 배 고프다

01

이제 곧 9시 "자야겠다." [이어 주는 말: ___] 서둘러 양치질했다

02

빨리 어른 되고 싶다 [이어 주는 말: ___] 분명히 재미있을 테니까

03

지갑 잊어버렸다 [이어 주는 말: ___] 쇼핑 전혀 하지 못했다

연습 2 뒤 문장과 자연스럽게 연결되도록 이어 주는 말을 각각 써 보세요.

01

❶ 열심히 연습했다 [이어 주는 말: _____] 시합 이겼다

❷ 열심히 연습했다 [이어 주는 말: _____] 시합 졌다

02

❶ 내일 맑을 것 같다 [이어 주는 말: _____] 빗방울 톡톡 떨어졌다

❷ 내일 맑을 것 같다 [이어 주는 말: _____] 드라이브 가자

03

❶ 열심히 달렸다 [이어 주는 말: _____] 지하철 겨우 올라탔다

❷ 열심히 달렸다 [이어 주는 말: _____] 지하철 결국 놓쳤다

04 이어 주는 말 사용하기 ③

핵심 체크 | '이어 주는 말'과 연결되도록 문장을 만들어 보자

연습 1 아래와 같이 **이어 주는 말**과 자연스럽게 연결되도록 뒤 문장을 써 보세요.

01 새로운 게임기 몹시 갖고 싶다

이어 주는 말
- 그래서 — 다 같이 겨뤄 보고 싶다
- 그렇지만 —

02 나팔꽃 작은 잎 내밀었다

이어 주는 말
- 이윽고 —
- 그런데 —

03 국어 숙제 많이 내주셨다

이어 주는 말	
하지만	
게다가	
그래서	

04 새로운 자전거 샀다

이어 주는 말	
그러므로	
그럼에도	
뿐만 아니라	

연습 2 아래와 같이 **이어 주는 말**과 자연스럽게 연결되도록 뒤 문장을 써 보세요.

채소 거의 다 싫어한다

이어 주는 말

| 하지만 | 열심히 먹겠다 |
| 왜냐하면 | 영양 풍부하니까 |

01 비 주룩주룩 내린다

이어 주는 말

| 그런데다 | |
| 그러므로 | |

02 늑대 으르렁 울부짖는다

이어 주는 말

| 게다가 | |
| 그래서 | |

03 재미있게 스케이트 탄다

이어 주는 말
- 그렇지만
- 그러자

04 강아지 아장아장 산책한다

이어 주는 말
- 그것이
- 그래서

05 내일 다 같이 낚시 간다

이어 주는 말
- 그러나
- 그렇기 때문에

연습 3 아래 단어를 자유롭게 사용해서 문장 두 개를 만들어 보세요.

무엇
동물원, 친구, 소풍, 도시락, 선생님, 날씨, 기린, 과자, 버스, 코끼리, 주스

어떻게
가다, 신나다, 걷다, 말하다, 늘리다, 먹다, 달리다, 타다, 웃다, 울다, 내리다, 즐겁다, 마시다

꾸며 주는 말(흉내 내는 말)
룰루랄라, 흔들흔들, 두근두근, 와글와글, 우적우적, 울렁울렁, 시끌시끌, 느릿느릿, 꿀꺽꿀꺽, 삐걱삐걱

꾸며 주는 말
계속, 비밀로, 매우, 천천히, 커다란, 서둘러, 맛있어 보이는, 여러 번, 큰 목소리로, 한참을

대화문
"맛있다.", "즐겁다.", "멋지다.", "강해 보인다.", "기쁘다.", "또 오고 싶다."

이어 주는 말
그리고, 그런데, 그러고 나서, 그래서, 그러나, 이어서, 그 후에, 또, 게다가, 하지만, 그러므로, 그래도, 이윽고,

예) 소풍 / 룰루랄라 / "즐겁다." / 그리고 / 동물원 / 신난다 / "또 오고 싶다."

문장 1

문장 2

힌트 빈칸을 전부 채울 필요는 없습니다. 문장을 연결할 때는 '이어 주는 말'을 넣어 보세요.

이렇게 가르쳐 주세요.

'무엇', '꾸며 주는 말', '대화문', '어떻게'를 여러 가지 방법으로 조합하면 문장 한 개를 만들 수 있습니다. 이렇게 만들어진 **문장과 문장을 연결할 때는 '이어 주는 말'을 넣도록 가르쳐 주세요.** 이어 주는 말이 문장을 더 길게 만들어 준다는 점을 이해하고 나면 글쓰기가 훨씬 즐거워집니다.

연습 4 그림을 보고 떠오르는 말을 **무엇**, **어떻게**, **꾸며 주는 말**, **대화문**으로 나눠서 적어 보세요.

무엇

어떻게

꾸며 주는 말(흉내 내는 말)

꾸며 주는 말

대화문

이어 주는 말

이어서   그런데도   그리고
그래서   그렇지만   이윽고
그랬더니   그 후에   하지만

연습 5 　**연습 4**에 적은 말과 제시된 이어 주는 말을 자유롭게 사용해서 문장을 만들어 보세요. 빈칸을 전부 채울 필요는 없습니다.

이렇게 가르쳐 주세요.

지금 단계에서는 문법에 얽매이기보다 '단어를 나열하면 얼마든지 긴 문장을 쓸 수 있다'는 성취감을 맛보게 하는 게 중요합니다. 한 문장이 지나치게 길어지면 "이어 주는 말을 넣어 볼까?" 하고 귀띔해 주세요. **이어 주는 말을 쓰면 문장을 구분할 수 있어서 읽기도 훨씬 쉬워집니다.**

칼 럼 | 아이들의 고민에서 출발한 '순간 작문법'

운동회, 공개 수업, 꿈·재능 발표회가 끝난 다음 날 아이들에게 "어제는 어땠어요?" 하고 물어보면 "○○○가 재밌었어요.", "○○○ 할 때 너무 긴장했어요." 같은 대답이 쏟아집니다. 그런데 "그럼 그걸 가지고 글을 써 볼까?"라고 말하는 순간 교실은 쥐 죽은 듯 조용해집니다. 다들 말은 쉽게 하면서 글은 어떻게 써야 할지 모르겠다며 어렵다고 말합니다.

이런 경험이 쌓이면서 아이들에게 가장 부담스럽지 않은 글쓰기 방식이 '말하듯이 쓰기'라는 걸 알게 되었습니다. 그런데 아이들은 왜 말하듯이 글을 쓸 수 없을까요? 말하기와 쓰기의 차이는 무엇일까요? 오랫동안 고민한 끝에 말하기의 세 가지 특징을 찾아냈습니다.

① 말하기에서는 주어가 자주 생략된다
② 말하기에서는 조사가 정확하지 않아도 된다
③ 말하기에서는 어순이 자유롭다

말하기의 이런 세 가지 특징을 쓰기에 적용하면 아이들이 말하듯이 쓸 수 있으리라 판단했습니다. 이렇게 해서 탄생한 것이 바로 '순간 작문법'입니다. 그래서 '순간 작문법'에는 아래 세 가지 특징이 있습니다.

① 주어와 서술어라는 개념을 머릿속에서 지운다
② 문장을 쓸 수 있을 때까지 조사에 얽매이지 않는다
③ 여섯 가지 형식의 문장 중에서 어느 것을 써도 상관없다

세 가지 특징을 중심으로 한 '순간 작문법'을 가르치면서부터 아이들은 '글쓰기' 앞에 놓인 장벽을 조금씩 뛰어넘기 시작했습니다. 말하듯이 쓸 수 있는 능력은 어른이 되어서도 매우 유용합니다. 어렸을 때 기른 문장력은 어른이 되어서도 큰 힘이 되어 줄 것입니다.

4장

단 어
연결하기

1~3장에서 배운 '말하듯이 쓰기'가 자연스럽게 몸에 익었을 겁니다. 이 과정에서 아이들은 글쓰기를 쉽게 여기고, 글쓰기에 자신감이 붙습니다. 4장부터는 '조사'를 배우고, '말하듯이 쓰기'의 다음 단계인 '문법에 맞게 쓰기'를 익힙니다.

 # 도와주는 말 사용하기 ①

핵심 체크 | 문장에 알맞은 '도와주는 말'을 찾아보자

'장미꽃 피었다'와 '장미꽃 샀다'는 둘 다 '무엇'+'어떻게'로 이루어진 문장입니다. 이때 '무엇'과 '어떻게' 사이에 '도와주는 말'을 넣으면 의미가 명확해져서 이해하기 쉬운 문장이 됩니다. 아래 문장에서는 '이'와 '을'이 '도와주는 말'입니다.

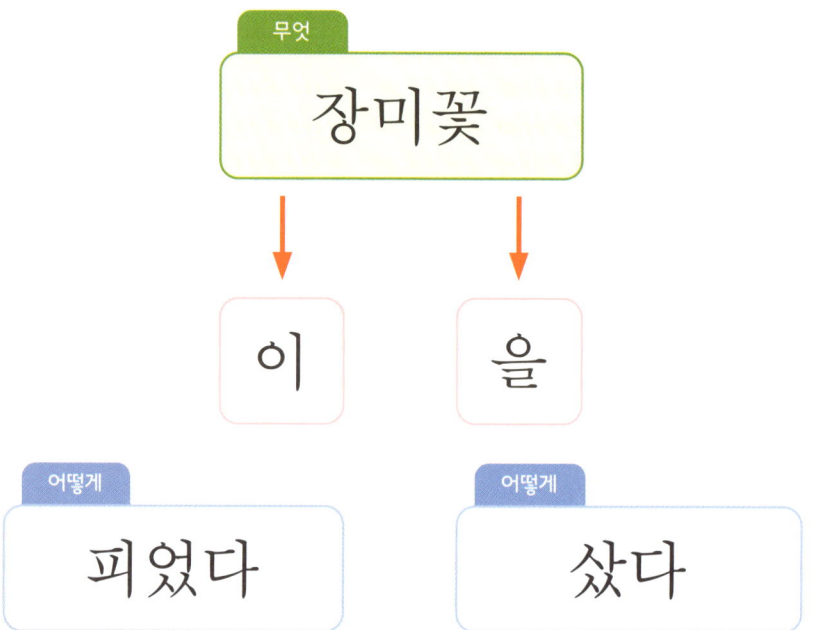

> 이렇게 가르쳐 주세요.
>
> **'도와주는 말'을 한 단어로 '조사'라고 합니다.** '무엇'+'도와주는 말'+'어떻게'의 조합은 '장미꽃이 피었다'처럼 '주어(~이, ~가)'+'서술어'로 이루어진 문장도 있지만, '(나는) 장미꽃을 샀다'처럼 '생략된 주어'+'목적어(~을, ~를)'+'서술어'로 구성된 경우도 있습니다.

> **연습** 아래와 같이 **도와주는 말**이 바르게 쓰인 문장을 찾아 ○표 해 보세요.
> ❶ 송사리를 강에서 사는 물고기입니다 ( )
> ❷ 송사리는 강에서 사는 물고기입니다 (○)

01
❶ 송사리와 많이 잡았다 ( )
❷ 송사리를 많이 잡았다 ( )

02
❶ 여름은 무척 덥다 ( )
❷ 여름을 무척 덥다 ( )

03
❶ 여름에 벌써부터 기다려진다 ( )
❷ 여름이 벌써부터 기다려진다 ( )

04
❶ 숙제를 단숨에 끝냈다 ( )
❷ 숙제가 단숨에 끝냈다 ( )

05 ❶ 숙제가 많아서 힘들다 (　)
　　 ❷ 숙제를 많아서 힘들다 (　)

06 ❶ 동생이 감기에 걸렸다 (　)
　　 ❷ 동생이 감기에게 걸렸다 (　)

07 ❶ 동생에게 감기가 옮았다 (　)
　　 ❷ 동생에게 감기는 옮았다 (　)

08 ❶ 맛있는 요리가 정신없이 먹었다 (　)
　　 ❷ 맛있는 요리를 정신없이 먹었다 (　)

09 ❶ 맛있는 음식으로 배가 가득 찼다 (　)
　　 ❷ 맛있는 음식에게 배가 가득 찼다 (　)

10 ❶ "다 숨었니?" 동생을 함께 숨바꼭질 (　)
　　 ❷ "다 숨었니?" 동생과 함께 숨바꼭질 (　)

11 　 ❶ "다 숨었니?" 동생이 술래다 (　)
　　　❷ "다 숨었니?" 동생가 술래다 (　)

12 　 ❶ 줄넘기도 뜀틀도 잘한다 (　)
　　　❷ 줄넘기는 뜀틀도 잘한다 (　)

13 　 ❶ 줄넘기를 뜀틀부터 잘한다 (　)
　　　❷ 줄넘기를 뜀틀보다 잘한다 (　)

이렇게 가르쳐 주세요.

조사 '은/는'과 '이/가'를 구분해서 쓰기란 어른에게도 어려운 일입니다. 게다가 이 둘은 둘 중 어느 것을 써도 괜찮을 때가 많습니다. 연습 문제는 아이들이 헷갈리지 않도록 정답이 하나인 경우만 냈지만 **평소 문장을 쓸 때는 알맞은 조사가 여러 가지일 수 있습니다.**

일상 속 훈련법

말할 때는 별 생각 없이 조사를 골라 씁니다. 아이가 조사를 어려워하면 대화할 때 "여기서는 '나를'이 아니라 '나에게'라고 해야 이해하기 쉬워."처럼 **조사를 의식하며 쓸 수 있도록 지도해 주세요.**

02 도와주는 말 사용하기 ②

핵심 체크 | 문장의 의미에 맞게 '도와주는 말'을 써 보자

연습 1 ☐ 안에 한 글자 혹은 두 글자의 **도와주는 말**을 넣어서 문장을 완성해 보세요.

높은 산 에 오르다

힌 트 정답은 하나가 아닐 수도 있어요.

01 / 더워서 모자 ☐ 썼다

02 / 흔들다리 ☐ 양옆으로 흔들거린다

03 / 방과 후 운동장 ☐ 놀았다

04 구급차 "삐뽀삐뽀." 빠른 속도 [ ] 달린다

05 주변 [ ] 벌써 깜깜해졌다 "좀 무서워."

06 새 낚싯대 [ ] 미끼 달았다 "잡혔으면 좋겠다."

07 딸랑딸랑 고양이 방울 [ ] 아름다운 소리 들린다

08 참새 [ ] 짹짹 울며 날아왔다

09 제일 좋아하는 책 [ ] 소중히 다룬다

10 여름 방학 만들기 숙제 [ ] 완성했다 "다 했다!"

연습 2 ☐ 안에 한 글자 또는 두 글자의 **도와주는 말**을 넣어서 문장을 완성해 보세요.

트랙터 [에] 덤프카 [가] 부딪혔다

힌트 정답은 하나가 아닐 수도 있어요.

01 / 도서관 ☐ 책 ☐ 빌렸다

02 / 음료수 ☐ 과자 ☐ 많이 샀다

03 / 풍선 ☐ 둥실둥실 바람 ☐ 날아갔다

04 / 오늘 밤 ☐ 분명히 눈 ☐ 내릴 것이다

05 / 디저트로 푸딩 ☐ 케이크 ☐ 먹고 싶다

06 이 책 ☐ 저 책 ☐ 이미 오래 전에 읽었다

07 새빨간 토마토 ☐ 초록색 피망 ☐ 태양의 선물이다

08 차가운 차 ☐ 뜨거운 차 중 어느 것 ☐ 좋아하세요

09 여름 방학 시작 부모님 ☐ 함께 여행 ☐ 간다

10 글쓰기 ☐ 지난번 ☐ 훨씬 재밌다

> **이렇게 가르쳐 주세요.**
>
> 이 연습 문제의 정답은 하나가 아닐 수도 있습니다. 어떤 조사를 넣느냐에 따라 문장의 의미가 완전히 달라지기도 하지요. **대부분의 조사는 겨우 한두 글자이지만 문장의 뜻을 바꾸기도 할 만큼 큰 힘이 있다는 점을 알려 주세요.**

 # 도와주는 말 사용하기 ③

핵심 체크 | '도와주는 말'의 뜻을 생각하면서 문장을 만들어 보자

연습 도와주는 말에 주의하면서 □ 안에 알맞은 말을 써 보세요.

엄마는 [다정하다]

엄마는 [일찍 일어난다]

01
❶ 엄마가 [   ]

엄마가 [   ]

❷ 엄마와 [   ]

엄마와 [   ]

❸ 엄마에게 [   ]

엄마에게 [   ]

❹ 엄마를 [   ]

엄마를 [   ]

02 ❶ 고양이는
   고양이는
   고양이는
   ❷ 고양이도
   고양이도
   고양이도
   ❸ 고양이가
   고양이가
   고양이가
   ❹ 고양이를
   고양이를
   고양이를

03 ❶ 학교는
   학교는
   학교는

❷ 학교에 ☐

학교에 ☐

학교에 ☐

❸ 학교가 ☐

학교가 ☐

학교가 ☐

❹ 학교에서 ☐

학교에서 ☐

학교에서 ☐

🚩 이렇게 가르쳐 주세요.

아이가 조사를 잘 구분하지 못해도 예민하게 받아들이지 마세요. 학년이 올라가면서 조사의 쓰임새도 자연스럽게 터득하거든요. 그보다는 글쓰기에 거부감이 생기지 않도록 해 주세요. 초등 시기에 글쓰기는 어렵다는 생각이 자리 잡히면 훗날 바꾸기가 여간 어렵지 않아요. **문법적으로는 다소 엉성한 문장을 쓰더라도 '글쓰기는 재밌다. 어렵지 않다.'라고 생각하게끔 옆에서 이끌어 주세요.**

5장

원고지 사용하기

아이들이 원고지에 연필로 쓱쓱 글을 쓸 수 있다면 얼마나 좋을까요? 하지만 처음부터 빈칸이 빽빽한 원고지를 받으면 아이들은 다 채울 자신이 없다며 주저합니다. 처음에는 서너 줄만 채워 보게 해도 괜찮습니다. 그렇게 조금씩 양을 늘리면 아이가 "나도 모르는 사이에 원고지를 다 채웠어!" 하는 순간이 찾아올 겁니다.

01 문장 부호 사용하기

핵심 체크 | 문장 부호를 사용해서 글을 읽기 쉽게 만들어 보자

문장이 끝날 때는 마침표(.)를 넣습니다. 쉼표(,)는 '월, 화, 수, 목'처럼 같은 종류의 단어를 늘어놓거나 "엄마, 꽃이 아주 예뻐요."처럼 누군가를 부르는 말 뒤에 씁니다. 물음표(?)는 물어보는 말 뒤에, 느낌표(!)는 강한 느낌을 나타내는 말 뒤에 씁니다. 문장 부호를 사용하면 글을 읽기가 훨씬 편해집니다.

"우아 꽃이 정말 예쁘다" 나는 엄마를 졸라서 장미꽃 튤립 국화꽃을 샀다

↓

"우아! 꽃이 정말 예쁘다." 나는 엄마를 졸라서 장미꽃, 튤립, 국화꽃을 샀다.

연습 아래 문장 안에 알맞은 문장 부호를 넣어 보세요.

01 "엄마 어디서 뻐꾸기 울음소리가 들리지 않아요"

02 민들레꽃 국화꽃 나팔꽃이 발밑에 피어 있었다
    그래서 밟지 않으려고 조심했다

03 "어머 땅 밑에 두더지가 살고 있어"

04 산타클로스 할아버지는 아이들의 어떤 얼굴을 가장 좋아할까

05 양복 주머니 안에는 열쇠 자동차 키 동전이 들어 있었다

06 "우아 창밖을 봐" 밤하늘에 눈이 하늘하늘 흩날리고 있었다

원고지에 써 보기

핵심 체크 | 원고지 사용법을 익혀 보자

원고지 쓰는 법(기본)

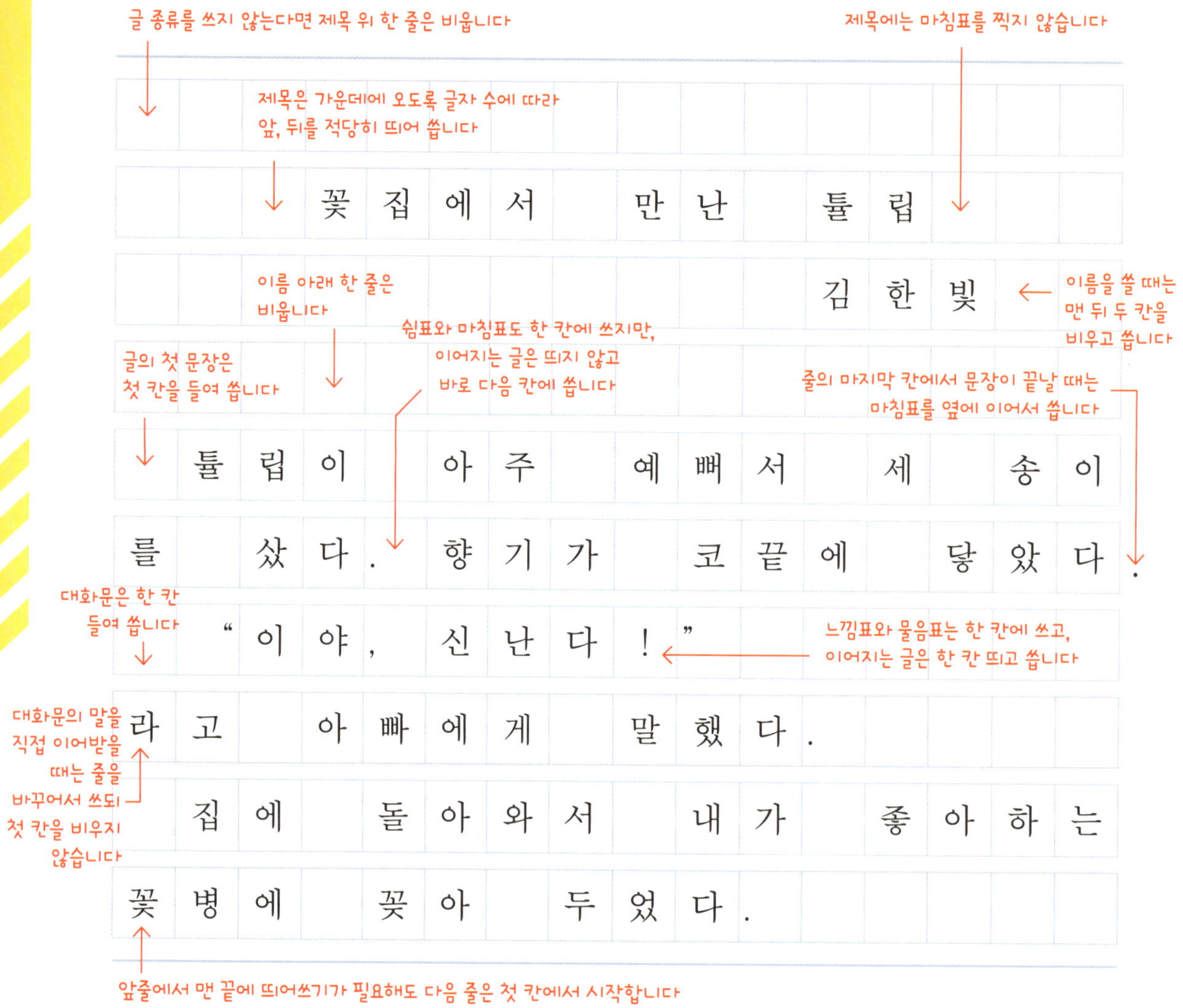

글 종류를 쓰지 않는다면 제목 위 한 줄은 비웁니다

제목에는 마침표를 찍지 않습니다

제목은 가운데에 오도록 글자 수에 따라 앞, 뒤를 적당히 띄어 씁니다

꽃 집 에 서   만 난   튤 립

이름 아래 한 줄은 비웁니다

김 한 빛

이름을 쓸 때는 맨 뒤 두 칸을 비우고 씁니다

글의 첫 문장은 첫 칸을 들여 씁니다

쉼표와 마침표도 한 칸에 쓰지만, 이어지는 글은 띄지 않고 바로 다음 칸에 씁니다

줄의 마지막 칸에서 문장이 끝날 때는 마침표를 옆에 이어서 씁니다

튤 립 이   아 주   예 뻐 서   세   송 이

를   샀 다.   향 기 가   코 끝 에   닿 았 다.

대화문은 한 칸 들여 씁니다

" 이 야 ,   신 난 다 ! "

느낌표와 물음표는 한 칸에 쓰고, 이어지는 글은 한 칸 띄고 씁니다

대화문의 말을 직접 이어받을 때는 줄을 바꾸어서 쓰되 첫 칸을 비우지 않습니다

라 고   아 빠 에 게   말 했 다.

집 에   돌 아 와 서   내 가   좋 아 하 는

꽃 병 에   꽂 아   두 었 다.

앞줄에서 맨 끝에 띄어쓰기가 필요해도 다음 줄은 첫 칸에서 시작합니다

※ 원고지 사용법은 학교마다 조금씩 다를 수 있습니다. 특히 학교 이름이나 소속을 쓰는 방법은 학교에서 정한 규칙을 따르는 것이 좋습니다.

연습 1 아래 문장을 원고지에 써 보세요.

첫 여름 방학이 무척 기대된다. 숙제 빨리 끝내고 재미있게 놀아야지.

'초대합니다!'가 써진 생일 카드를 받았다. "토요일 12시에 집에서 파티를 하려고 해. 와 줄 수 있어?"라고 지원이가 말했다.

연습 2 그림 속 아이들은 지금 어떤 모습이고 어떤 기분일까요? 무슨 말을 하고 무슨 생각을 할까요?

01 그림을 보고 자유롭게 상상해서 ☐ 안에 써 보세요.

모습이나 감정(꾸며 주는 말)

대화문

힌트 물고기의 모습이나 감정도 표현해 보세요. 흉내 내는 말을 써도 좋습니다.

02 앞에 적은 말을 자유롭게 사용해서 문장을 만들어 보세요. 원고지를 전부 채울 필요는 없습니다.

03 앞에 적은 말을 자유롭게 사용해서 문장을 하나 더 만들어 보세요.

연습 3 그림 속 사람들은 지금 어떤 모습이고 어떤 기분일까요? 무슨 말을 하고 무슨 생각을 할까요?

01 그림을 보고 자유롭게 상상해서 ⬭ 안에 써 보세요.

> **모습이나 감정(꾸며 주는 말)**

> **대화문**

힌트 '흉내 내는 말'도 '꾸며 주는 말'에 속합니다.

02 앞에 적은 말을 자유롭게 사용해서 문장을 만들어 보세요. 원고지를 전부 채울 필요는 없습니다.

03 앞에 적은 말을 자유롭게 사용해서 문장을 하나 더 만들어 보세요.

03 전용 원고지 활용하기

핵심 체크 | 쓰고 싶은 말을 미리 메모해서 정리해 두자

원고지에 글을 쓰기 전에 쓰고 싶은 내용을 메모해 두면 글쓰기가 훨씬 편해집니다. 아래는 이 책에서 제공하는 전용 원고지를 활용해 쓴 글입니다. 전용 원고지 위·아래에는 메모할 수 있는 자리가 있습니다. 위에는 모습이나 감정을 나타내는 말을 적고, 아래에는 대화문을 적어 보세요.

이곳에는 머릿속에 떠오른 모습이나 감정을 적어 둡니다

모습이나 감정을 나타내는 말

귀엽다, 멍멍, 살랑살랑, 조용히, 점점 더 귀엽다, 두근두근하다, 괜찮을까

따옴표 안의 말은 줄을 바꿔서 한 칸 들여 씁니다

마침표나 쉼표와 닫는 (큰/작은)따옴표는 반 칸씩 차지하므로 한 칸에 씁니다

	하	얀		개	가		있	었	습	니	다.	
		'	귀	여	워.'							
라	고		생	각	했	는	데		살	랑	살	랑	꼬	리
를		흔	들	며		내	게		다	가	왔	습	니	다.
	"	나	랑		같	이		갈	래	?	"

메모한 내용을 보면서 씁니다

메모와 달라도 괜찮습니다

하고 말을 걸었더니 조그만 눈
으로 나를 쳐다보는 모습에 점
점 더 그 개가 좋아졌습니다.
　　"누구네 집 개지?"　데려가
고 싶다."

물음표(?)나 느낌표(!) 다음은 한 칸 비우고 씁니다.
단, 마침표와 쉼표 다음은 붙여 씁니다

> **대화문**
>
> "누구네 집 개지?", "나랑 같이 안 갈래?", "키우고 싶다.", '귀여워.'

이곳에는 글에 쓰고 싶은 대화문을 메모해 둡니다

연습 1 그림을 보고 떠오르는 말 중 '모습이나 감정을 나타내는 말'은 위에, '대화문'은 아래에 적어 보세요. 그리고 적어 둔 말을 사용해서 원고지에 문장을 써 보세요. 원고지를 전부 채울 필요는 없습니다.

모습이나 감정을 나타내는 말

대화문

연습 2 그림을 보고 떠오르는 말 중 '모습이나 감정을 나타내는 말'은 위에, '대화문'은 아래에 적어 보세요. 그리고 적어 둔 말을 사용해서 원고지에 문장을 써 보세요. 원고지를 전부 채울 필요는 없습니다.

모습이나 감정을 나타내는 말

대화문

> **연습 3** 그림을 보고 자유롭게 생각해서 문장을 써 보세요.

힌트 네 가지 그림 중 하나만 선택해서 써도 좋아요.

01 모습이나 감정을 나타내는 꾸며 주는 말과 대화문을 생각한 다음 메모해 보세요.

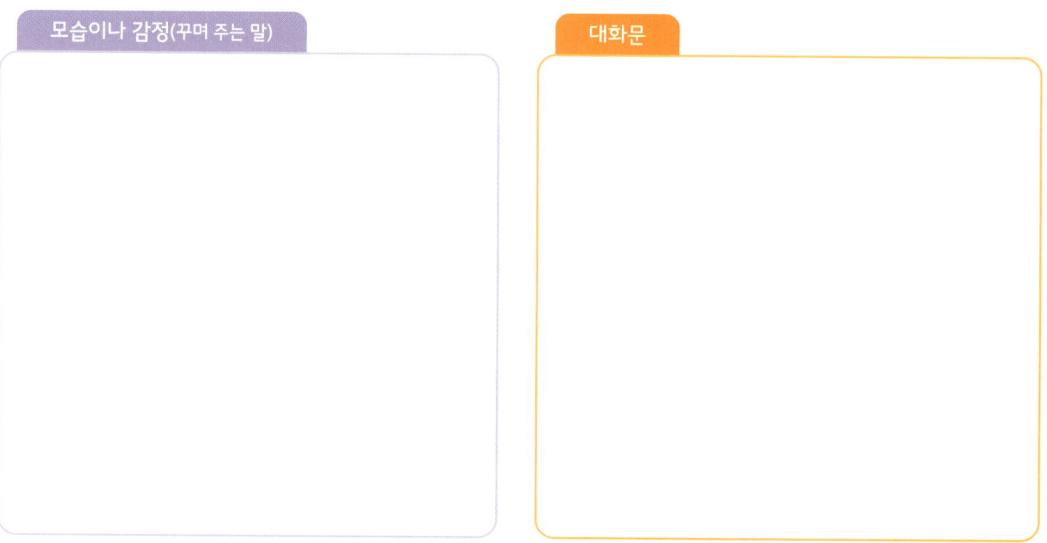

02 메모한 내용을 보면서 문장을 써 보세요. (원고지는 다음 쪽까지 이어집니다.)

모습이나 감정을 나타내는 말

대화문

모습이나 감정을 나타내는 말

대화문

6장

다양한 형식에 맞춰

글 쓰 기

생활 글을 쓰든 독서 감상문을 쓰든 처음 글을 쓸 때는 형식에 맞춰 써 보는 연습을 해야 합니다. '정해진 순서에 따라 쓰면 된다'는 생각이 부담감을 덜어 주어 스스럼없이 글을 쓸 수 있기 때문입니다. 아이가 형식에 맞춘 글쓰기에 충분히 익숙해졌다면, 조금씩 틀을 벗어나 자신만의 표현 방식을 찾을 수 있도록 도와주세요.

 가족·학교 행사를 주제로 한 글쓰기 ①

핵심 체크 | 쓰고 싶은 말을 미리 메모해서 정리해 두자

운동회를 주제로 글을 쓸 때는 아래 여섯 가지 내용을 메모한 후에 써 보세요.

① 운동회 전날의 모습이나 감정 | 대화문

② 운동회 날 아침에 일어났을 때의 모습이나 감정 | 대화문

③ 학교에 도착했을 때의 모습이나 감정 | 대화문

④ 경기에 참여했을 때의 모습이나 감정 | 대화문

⑤ 운동회가 끝난 후의 모습이나 감정 | 대화문

⑥ 집에 돌아온 후의 모습이나 감정 | 대화문

> 힌트 요즘은 운동회를 하지 않는 학교도 많습니다. 운동회를 한 적이 없다면 현장 체험, 가족 여행, 생일 파티, 명절 같은 행사를 떠올리며 써 보세요. 특별한 행사가 아니더라도 새롭게 경험한 것이라면 무엇이라도 써도 좋아요.

연습 1 원고지 위에는 운동회 전날의 모습이나 감정을, 아래에는 대화문을 메모한 다음 글을 써 보세요. 원고지를 전부 채울 필요는 없습니다.

모습이나 감정을 나타내는 말

대화문

연습 2 원고지 위에는 운동회 날 아침에 일어났을 때의 모습이나 감정을, 아래에는 대화문을 메모한 다음 글을 써 보세요.

모습이나 감정을 나타내는 말

대화문

연습 3 원고지 위에는 학교에 도착했을 때의 모습이나 감정을, 아래에는 대화문을 메모한 다음 글을 써 보세요.

모습이나 감정을 나타내는 말

대화문

연습 4 원고지 위에는 경기에 참여했을 때의 모습이나 감정을, 아래에는 대화문을 메모한 다음 글을 써 보세요.

모습이나 감정을 나타내는 말

대화문

연습 5 원고지 위에는 운동회가 끝난 후의 모습이나 감정을, 아래에는 대화문을 메모한 다음 글을 써 보세요.

모습이나 감정을 나타내는 말

대화문

연습 6 원고지 위에는 집에 돌아온 후의 모습이나 감정을, 아래에는 대화문을 메모한 다음 글을 써 보세요.

모습이나 감정을 나타내는 말

대화문

연습 1부터 **연습 6**까지 쓴 글을 연결하기만 해도 매우 긴 글이 완성됩니다. 글쓰기를 시작하기 전에 '모습이나 감정을 나타내는 말'과 '대화문'을 메모해 두면 중간에 멈추지 않고 술술 글을 쓸 수 있습니다.

이렇게 가르쳐 주세요.

가족·학교 행사를 주제로 한 글쓰기는 학교에서 빼놓지 않고 쓰게 되는 글입니다. 이때는 **시간 순서에 따라 쓰는 형식을 기억해 주세요.** 일이 일어난 순서에 따라 쓰는 방법을 알고 나면 부담 없이 글을 쓸 수 있습니다.

아이마다 더 길게 쓰고 싶어 하는 부분과 그다지 기억나는 게 없다고 말하는 부분이 있을 거예요. 이 경우 시간대에 따라 글의 길이가 길어지거나 짧아질 수 있지만 상관없습니다. **쓰고 싶은 장면을 길게 써 보면서 글쓰기를 좋아하게 만드는 게 가장 중요합니다.**

일상 속 훈련법

아이의 의욕을 끌어올려 주는 기술을 하나 소개합니다. 제가 수업 시간에 자주 활용하는 방법입니다. 글 쓰는 아이 뒤에 서서 아이가 조금 써 내려갔을 때, **"오······." 혹은 "우아!" 하고 감동받은 듯한 감탄사를 작은 소리로 내뱉어 보세요.** 별것 아니지만, 이런 어른들의 반응은 아이의 자신감을 북돋아 줄 뿐 아니라 안심하고 계속 글을 쓰게 하는 힘이 됩니다.

 # 가족·학교 행사를 주제로 한 글쓰기 ②

핵심 체크 | 다양한 행사를 주제로 일이 일어난 순서에 따라 글을 써 보자

어떤 행사를 주제로 하든, 앞에서 배운 것처럼 아래 여섯 가지 내용을 메모한 후에 글을 써 보세요.

① 행사 전날의 모습이나 감정 | 대화문

② 행사 당일 아침에 일어났을 때의 모습이나 감정 | 대화문

③ 행사장에 도착했을 때의 모습이나 감정 | 대화문

④ 행사에 참여했을 때의 모습이나 감정 | 대화문

⑤ 행사가 끝난 후의 모습이나 감정 | 대화문

⑥ 집에 돌아온 후의 모습이나 감정 | 대화문

 연습 지금까지 경험한 가족·학교 행사 중 한 가지를 선택해서 일이 일어난 순서대로 글을 써 보세요.

모습이나 감정을 나타내는 말

대화문

모습이나 감정을 나타내는 말

대화문

모습이나 감정을 나타내는 말

대화문

모습이나 감정을 나타내는 말

대화문

독서 감상문 쓰기 ①

핵심 체크 | 독서 감상문 쓰는 법을 알아보자

독서 감상문을 쓸 때는 먼저 아래 네 가지 내용을 메모한 후에 써 보세요.

① 책을 선택한 이유

② 처음, 중간, 끝으로 나눈 책의 줄거리

③ 가장 기억에 남는 장면과 그 이유

④ 책을 통해 알게 된 점

연습 재미있게 읽은 책을 한 권 골라 아래 질문에 대답해 보세요.

힌트

는 《고양이 해결사 깜냥 1: 아파트의 평화를 지켜라!》를 읽고 쓴 독서 감상문입니다. 예시 글은 '부록: 정답과 해설'의 예시 답안을 참고하세요. 원서에서는 사이토 류스케가 쓰고 다키다이라 지로가 그린 《모치모치 나무》를 독서 감상문 예시로 소개하고 있습니다.

131

01 왜 이 책을 골랐나요?

> 예) 표지에 그려진 고양이와 눈이 마주쳐서

02 01에 적은 내용을 바탕으로 이 책을 고른 이유를 원고지에 써 보세요.

모습이나 감정을 나타내는 말

대화문

03 여기서는 줄거리를 세 문장으로 길게 썼지만, 줄거리 쓰기를 아직 배우지 않았다면 짧게 써도 괜찮아요.

처음
- 예) 소나기가 내리던 날 밤, 경비 할아버지 앞에 하룻밤만 재워 달라는 고양이가 나타났다.

중간
- 예) 할아버지가 순찰 나간 사이에도 인터폰이 계속 울린다. 그때마다 고양이는 인터폰을 누른 집을 찾아 나선다.

끝
- 예) 밤새 아파트 민원을 멋지게 해결한 고양이는 할아버지 제안을 받아들여 경비원이 된다.

04 03에 적은 내용을 바탕으로 책의 줄거리를 원고지에 써 보세요.

모습이나 감정을 나타내는 말

대화문

모습이나 감정을 나타내는 말

대화문

05 책에서 가장 기억에 남는 장면과 그 이유를 적어 보세요.

가장 기억에 남는 장면

예) 깜냥이 가방에서 나온 물건을 바닥에 늘어놓고 이야기하는 장면

가장 기억에 남는 장면

그 이유

예) 튀밥, 털실, 고무공, 연어 맛 젤리 등 가방 속 물건에 담긴 이야기를 더 듣고 싶어졌다.

그 이유

06 05에 적은 내용을 바탕으로 가장 기억에 남는 장면과 그 이유를 원고지에 써 보세요.

모습이나 감정을 나타내는 말

대화문

07 책을 통해 알게 된 점을 적어 보세요.

> 예) 아프고 힘들어도 희망을 잃지 않고 그 시간을 이겨 내면, 곧 신나고 즐겁고 재미있는 일이 생긴다.

08 07에 적은 내용을 바탕으로 책을 통해 알게 된 점을 원고지에 써 보세요.

모습이나 감정을 나타내는 말

대화문

02, 04, 06, 08에 쓴 글을 연결하면 독서 감상문이 완성됩니다. 처음부터 긴 글을 쓰려고 하면 어렵습니다. 짧게 부분별로 나눠서 생각하고 써 주세요.

이렇게 가르쳐 주세요.

책에서는 미리 메모해 둔 순서에 맞춰 독서 감상문 쓰는 연습을 했습니다. 연습 문제에 나오는 네 가지 항목이 독서 감상문을 쓰는 기본 형식인 셈입니다. 이 형식에 맞춰 연습하다 보면 독서 감상문을 쉽게 쓸 수 있습니다.

책을 읽을 때 마음에 걸리는 부분이나 기억에 남는 부분이 있다면 포스트잇으로 표시하게 해 보세요. **조금 넓은 포스트잇에 짤막한 감상을 적으면서 읽어 나가면 나중에 독서 감상문을 쓸 때 훨씬 수월합니다.**

독서 감상문 쓰기 ②

핵심 체크 | 메모한 내용을 바탕으로 독서 감상문을 써 보자

연습 재미있게 읽은 책을 한 권 골라 아래 질문에 대답해 보세요.

01 이 책을 고른 이유를 적어 보세요.

02 책의 줄거리를 적어 보세요.

처음

중간

끝

03 책에서 가장 기억에 남는 장면과 그 이유를 적어 보세요.

가장 기억에 남는 장면

그 이유

04 책을 통해 알게 된 점을 적어 보세요.

05 메모한 내용을 바탕으로 원고지에 독서 감상문을 써 보세요.
(원고지는 다음 쪽까지 이어집니다.)

모습이나 감정을 나타내는 말

대화문

모습이나 감정을 나타내는 말

대화문

모습이나 감정을 나타내는 말

대화문

모습이나 감정을 나타내는 말

대화문

05 관찰 일지 쓰기 ①

핵심 체크 | 관찰 일지 쓰는 법을 알아보자

관찰 일지를 쓸 때 아래 세 가지 내용을 메모한 후에 써 보세요.

① 관찰하는 대상의 특징(색, 모양, 크기, 냄새 등)

② 관찰하면서 특이했던 점

③ 앞으로 예상되는 모습이나 현상

연습 관찰할 대상을 한 가지 정해서 아래 질문에 대답해 보세요.

01 관찰한 대상의 특징을 적어 보세요.

> 예) 나팔꽃 관찰하기
> 꽃잎의 색은 분홍색이다. 크기는 4센티미터 정도이다.

02 01에 적은 내용을 바탕으로 관찰한 대상의 특징을 원고지에 써 보세요.

이렇게 가르쳐 주세요.

여름 방학 숙제나 과학 수업에서 자주 쓰는 관찰 일지는 다른 글쓰기와 달리 **모습이나 감정을 나타내는 말 또는 대화문이 필요하지 않습니다.** 그보다는 사실을 정확하게 전달하는 것이 중요합니다.

03 관찰하면서 특이했던 점을 적어 보세요.

> 예) 아침이 되면 꽃잎이 벌어지고 오후가 되면 오므라든다.

04 03에 적은 내용을 바탕으로 관찰하면서 특이했던 점을 원고지에 써 보세요.

05 앞으로 예상되는 모습이나 현상을 적어 보세요.

> 예 꽃이 시들면 씨앗이 맺히지 않을까?

06 05에 적은 내용을 바탕으로 앞으로 예상되는 모습이나 현상을 원고지에 써 보세요.

06 관찰 일지 쓰기 ②

핵심 체크 | 메모한 내용을 바탕으로 관찰 일지를 써 보자

연습 관찰할 대상을 한 가지 정해서 아래 질문에 대답해 보세요.

01 대상을 자세히 보면서 152쪽 위 칸에 그림을 그려 보세요.

> **힌트** 곤충, 애완동물, 식물 등 어떤 것이든 좋습니다.

02 대상의 특징을 적어 보세요.

03 전과 비교하여 달라진 부분을 적어 보세요.

04 앞으로 예상되는 모습이나 현상을 적어 보세요.

05 메모한 내용을 바탕으로 원고지에 관찰 일지를 써 보세요.

부록 정답과 해설

학부모 및 선생님들에게

- 아이가 문제를 다 풀면 답지를 보면서 정답과 맞춰 주세요.
- |체크 포인트|에서는 아이들이 틀리기 쉬운 부분이나 어려워하는 부분을 짚어 주고, 좀 더 깊이 있게 공부할 수 있는 방법을 알려 줍니다.
- 단어를 생각해 내거나 문장을 쓰는 문제는 답이 다양하게 나올 수 있으므로 여기에는 예시 답안만 실었습니다.
- 원고지 사용법은 학교마다 다를 수 있습니다. 헷갈리는 부분은 아이가 다니는 학교에서 정한 규칙을 따라 주세요.

1장 어휘력 키우기

01 다양한 단어 써 보기

연습 1 예시 답안 　　　　　　　　　20쪽

01 두 글자 | 가위, 가족, 가슴, 가게, 가수, 가지 등

　세 글자 | 가로등, 가자미, 가랑비, 가계부, 가리비, 가물치 등

　네 글자 | 가장자리, 가면 놀이, 가시거미, 가죽 재킷, 가정 학습, 가락국수 등

02 두 글자 | 바위, 바람, 바다, 바퀴, 바지, 바늘 등

　세 글자 | 바나나, 바닷가, 바가지, 바구니, 바둑알, 바자회 등

　네 글자 | 바이올린, 바이러스, 바탕 화면, 바위 식물, 바늘구멍, 바람 소리 등

연습 2 예시 답안 　　　　　　　　　21쪽

01 두 글자 | 아이, 아가, 아빠, 아내, 아침, 아래 등

　세 글자 | 아줌마, 아파트, 아가씨, 아버지, 아래층, 아가미 등

　네 글자 | 아주머니, 아나운서, 아프리카, 아이디어, 아스팔트, 아랫사람 등

　다섯 글자 | 아이스크림, 아르바이트, 아열대 기후, 아동 보호소, 아이슬란드, 아이스링크 등

02 두 글자 | 스키, 스핀, 스님, 스튜, 스릴, 스타 등

　세 글자 | 스케줄, 스타일, 스포츠, 스웨터, 스위치, 스티커 등

　네 글자 | 스트레스, 스케이트, 스무고개, 스테이크, 스파게티 등

　다섯 글자 | 스트라이크, 스코틀랜드, 스포츠센터, 스튜어디스, 스킨스쿠버 등

연습 3 예시 답안 　　　　　　　　　22~23쪽

01 두 글자 | 토끼, 사자, 고래 등

　세 글자 | 캥거루, 호랑이, 코끼리 등

　네 글자 | 바다사자, 고슴도치, 개미핥기 등

　다섯 글자 | 오리너구리, 하늘다람쥐, 아르마딜로 등

　여섯 글자 | 흰긴수염고래, 대머리독수리, 칠성무당벌레 등

02 두 글자 | 버스, 택시, 기차 등

　세 글자 | 자동차, 비행기, 우주선 등

　네 글자 | 오토바이, 헬리콥터, 모노레일 등

　다섯 글자 | 전동 킥보드, 증기 기관차, 전기 자전거 등

　여섯 글자 | 자기 부상 열차, 중장비 자동차, 초호화 유람선 등

03 두 글자 | 강당, 책상, 의자 등

　세 글자 | 양호실, 책가방, 시간표 등

　네 글자 | 미끄럼틀, 컴퓨터실, 축구 골대 등

　다섯 글자 | 칠판지우개, 구름사다리, 개인 사물함 등

　여섯 글자 | 실내화 주머니, 과학 실험 도구, 학습 준비물 실 등

04 두 글자 | 영국, 태국, 중국 등

　세 글자 | 캐나다, 러시아, 프랑스 등

　네 글자 | 네덜란드, 이스라엘, 이탈리아 등

　다섯 글자 | 에티오피아, 베네수엘라, 인도네시아 등

　여섯 글자 | 우즈베키스탄, 파푸아뉴기니, 마다가스카르 등

연습 4 예시 답안　　　24쪽

01　토끼, 사자, 식탁, 하늘, 구름, 바다, 딸기 등

02　너구리, 호랑이, 색연필, 동화책, 지우개, 운동화, 자전거, 노트북, 바나나 등

03　스케치북, 텔레비전, 스마트폰, 김치찌개, 미끄럼틀, 사막여우 등

연습 5 예시 답안　　　25쪽

01　유리구두→두꺼비→비행기→기도→도라지 등

02　수박→박물관→관광버스→스트라이크→크레파스 등

03　아버지→지하철→철사→사전→전화기 등

| 체크 포인트 |　여기서 말하는 '사물의 이름'은 '명사'를 뜻하지만, 엄밀히 말하면 명사에는 사물의 이름뿐 아니라 사물의 상태나 성질을 나타내는 추상명사도 있습니다. 아이가 "이것도 사물의 이름이야?" 하고 물으며 구체적으로 알고 싶어 할 때는 명사에 포함되는 단어의 종류에 대해 자세히 알려 주세요.

02 사용하는 어휘 늘리기 ①

연습 1 예시 답안　　　26~27쪽

01　씽씽, 쌩쌩, 쌔앵, 와와, 헉헉, 헥헥 등

02　붕붕, 씽씽, 빵빵, 덜덜, 달달, 끼익 등

03　냠냠, 쩝쩝, 짭짭, 꿀꺽, 싹싹, 날름 등

04　싱글, 벙글, 하하, 호호, 히히, 번쩍 등

연습 2 예시 답안　　　28쪽

01　살금살금, 슬금슬금, 조심조심, 살그머니, 조용조용, 몰래몰래, 가만가만 등

02　빙글빙글, 빙그르르, 뱅글뱅글, 뱅그르르, 팽글팽글, 팽그르르, 하늘하늘, 살랑살랑 등

연습 3 예시 답안　　　29쪽

폴짝, 풀쩍, 쌩쌩, 씽씽, 주욱, 쿵쿵, 싱글, 벙글, 하하, 호호, 빙글빙글, 빙그르르, 뱅글뱅글, 뱅그르르, 싱글벙글, 왁자지껄, 시끌시끌, 와글와글, 사르륵사르륵 등

03 사용하는 어휘 늘리기 ②

연습 1 예시 답안　　　30~31쪽

01　좋다, 기쁘다, 즐겁다, 행복하다, 재밌다, 신난다, 유쾌하다, 야호, 만세, 와아 등

02　싫다, 화나다, 기분 나쁘다, 분하다, 짜증 난다, 안달 난다, 성나다, 화가 치밀어 오르다, 부글부글, 속이 타다 등

| 체크 포인트 |　'속이 타다'와 같은 관용구는 단어는 아니지만 정답으로 인정해 주세요. 단어든 관용구든 문장이든 아이가 자유롭게 생각해 낼 수 있도록 돕는 것이 중요합니다. 아이가 수준 높은 단어를 생각해 냈을 때는 "어려운 말을 알고 있네!"라고 칭찬해 주면 더 효과적입니다.

연습 2 예시 답안　　　32쪽

씽긋, 빙긋, 싱글벙글, 두근두근, 울렁울렁, 행복, 만족, 야호, 우아, 기분이 날아간다, 얼굴에 웃음이 가득하다, 흥분하다, 하늘을 나는 기분이다, 하늘을 걷는 기분이다, 기분이 최고다, 방방 뛰다, 떨듯이 기쁘다, 마음이 붕 떠 있다 등

| 체크 포인트 | '얼굴에 웃음이 가득하다, 하늘을 나는 기분이다'처럼 단어가 아닌 문장으로 써도 좋습니다.

연습 3 예시 답안 33쪽

힘이 없다, 축 처진다, 떨린다, 훌쩍훌쩍, 털썩, 주르륵주르륵, 펑펑, 불행, 분하다, 두렵다, 속상하다, 눈물이 멈추지 않는다, 기분이 최악이다, 기분이 바닥이다, 심장이 쿵하고 내려앉다, 눈물이 터져 나온다, 화가 치밀어 오른다, 울음보가 터진다 등

| 체크 포인트 | 연습 2번 문제와 마찬가지로, '눈물이 멈추지 않는다, 눈물이 터져 나온다'와 같이 문장으로 써도 좋습니다. "와, 많이 알고 있는데?" 하며 칭찬해 주면 아이는 더 많은 말을 머릿속에서 꺼내 보입니다.

04 사용하는 어휘 늘리기 ③

연습 1 예시 답안 34쪽

01 빠르다, 멋있다, 강하다, 스포츠, 달리다, 드리블, 슛, 패스, 골키퍼, 11명, 시합 등

02 꽃, 엄마, 화장, 무지개, 보석, 불꽃놀이, 반짝반짝, 목걸이, 별자리, 바다, 색연필 등

연습 2 예시 답안 35쪽

01 강아지→귀엽다→아기→작다→개미 등

02 춥다→바람→연날리기→높다→빌딩 등

| 체크 포인트 | 아이와 함께 '단어 연상 게임'을 해 보세요. 앞 사람이 말한 단어를 듣고 연상된 단어를 이어서 말하는 게임입니다. 계속해서 새로운 단어를 떠올려야 하기 때문에 어휘력이 자연스럽게 올라갑니다.

05 사용하는 어휘 늘리기 ④

연습 1 예시 답안 36~37쪽

01 ① "내 손 잡아.", "내가 도와줄게.", "다치진 않았어?", "넘어진 거야?", "큰일 날 뻔했다." 등

② "큰 도움이 됐어.", "너무 아팠어.", "괜찮아. 나 혼자 일어날게.", "밑을 보지 못했어.", "실수였어." 등

| 체크 포인트 | 아이가 아직 책에서 배우지 않은 조사를 넣는 경우도 있을 것입니다. 이 연습의 목표는 어휘를 늘리는 것이므로 조사를 쓰든 안 쓰든 상관없습니다. 또한 아이가 다소 어색한 표현을 쓰더라도 아이만의 풍부한 상상력을 인정해 주세요.

02 ① "저요! 제가 발표할게요!", "선생님 저 문제 다 풀었어요!", "재미있는 이야기 해 주세요.", "가위바위보" 등

② "좋아! 얘기해 볼래?", "다 풀었구나. 잠시만 기다리자!", "무슨 이야기를 해 줄까?", "가위바위보" 등

③ "네가 잘못한 거잖아.", "놀이터 갈래.", "빨리 가자." 등

④ "둘 다 그만!", "오늘은 안 돼.", "싸우지 말고 준비해야지!" 등

⑤ "누나가 했어.", "장난감 사러 갈래!", "서두르고 있다고!" 등

연습 2 예시 답안 38~39쪽

01 "어느 학교에서 왔어?", "어떤 운동을 제일 잘해?", "집은 어디야?", "우리 친하게 지내자.", "잘 부탁해." 등

02 "벌써 다 했어.", "게임 다 하고서 할 거야.", "아직 하고 싶지 않아.", "오늘은 숙제 없어." 등

03 ① "으악!", "끼야!", "이게 뭐야!", "으, 무서워!", "엄마야!" 등

② "무슨 일이야?", "왜 그래?", "뭐가 있어?", "어디 어디?", "괜찮아?" 등

연습 3 예시 답안   40~41쪽

01 '내가 제일 좋아하는 스튜네.', '고기가 많이 들어 있네!', '친구들한테 잘 나눠 줘야지.', '아 뜨거워.', '흘리지 않게 조심해야겠어.', '양을 똑같이 나눠 담기는 어렵겠어.', '부드러워서 먹기 좋겠다.' 등

02 '어려워.', '어떡하지?', '나 이런 거 잘 못하는데.', '머릿속이 복잡해.', '계산 문제는 딱 질색이야.', '뭐부터 생각해야 하지?', '아, 정말.', '머리가 아파.', '눈이 도는 것 같아.', '도와줘!' 등

2장 문장 만들기

01 짧은 문장 만들기

연습 1 예시 답안   44~45쪽

01 내리다, 예쁘다, 흩날리다, 하얗다, 던지다, 밟다, 맞다, 털다 등

02 달리다, 움직이다, 타다, 멋있다, 멋지다, 멈추다, 혼잡하다, 쾌적하다 등

03 오겠다, 퍼붓다, 쏟아진다, 피했다, 그쳤다, 세차다, 맞았다 등

연습 2 예시 답안   46~47쪽

01 아버지, 씨름 선수, 사자, 로봇, 영웅, 공룡 등

02 나, 시험, 퀴즈, 책 읽기, 게임, 피구, 카드놀이 등

03 외출, 게임, 카톡, 웹툰, 텔레비전, 산책, 간식 시간, 수영, 술래잡기 등

04 수박, 짐, 코끼리, 트럭, 양동이, 바위, 두꺼운 책 등

연습 3 예시 답안   48쪽

북/치다, 옷/입다·더럽다·크다, 체온계/재다, 털실/짜다, 계단/오르다·달리다·길다, 스키/미끄러지다, 바다/헤엄치다·차갑다, 씨름선수/크다, 운동장/달리다, 구멍/깊다, 못/길다 등

연습 4 예시 답안   49쪽

컵/깨지다, 기린/크다, 엄마/화내다, 산/높다, 연필/가늘다, 피아노/아름답다·크다, 계란말이/크다·만들다·뜨겁다·맛있다, 얼음/만들다 등

02 꾸며 주는 말 사용하기 ①

연습 1 예시 답안   51쪽

01 바삭바삭, 와그작와그작, 오물오물 등

02 훨훨, 둥실둥실, 한들한들 등

03 폴짝, 팔짝, 통통 등

04 쿵쾅쿵쾅, 느릿느릿, 어기적어기적 등

연습 2 예시 답안   52쪽

01 느릿느릿/걷는다, 오물오물/먹는다, 꿀꺽꿀꺽/마신다 등

02 후후/식히다, 후루룩후루룩/먹는다, 냠냠/맛있다 등

03 응애응애/운다, 방긋방긋/웃는다, 느릿느릿/긴다 등

04 반짝반짝/빛나다, 휙/떨어지다, 우수수/떨어진다 등

연습 3 예시 답안 53쪽

01 자전거/씽씽, 크리스마스/두근두근, 빗방울/톡톡 등

02 전철/덜컹덜컹, 곰/어슬렁어슬렁, 시계/째깍째깍 등

03 만화/엉엉, 눈물/뚝뚝, 이별/흑흑 등

04 캠핑/왁자지껄, 술래잡기/하하호호, 게임/조마조마 등

| 체크 포인트 | 일상생활 속에서 흉내 내는 말을 찾아보세요. 주전자의 물이 끓을 때 "지금 주전자의 모습을 흉내 내는 말로 표현해 볼까?"처럼 질문해 주면 아이의 어휘력이 자연스럽게 올라갑니다.

03 꾸며 주는 말 사용하기 ②

연습 1 예시 답안 55쪽

01 한가로이, 빠르게, 힘차게, 사이좋게 등

02 완만하게, 세차게, 조용하게, 반짝거리며 등

03 재빨리, 깔끔하게, 허둥대며, 지금 당장 등

연습 2 예시 답안 56~57쪽

01
흉내 내는 말 | 속닥속닥, 소곤소곤, 두근두근, 조심조심 등
꾸며 주는 말 | 남몰래, 작은 소리로, 큰맘 먹고 등

02
흉내 내는 말 | 또박또박, 느릿느릿, 떠듬떠듬, 띄엄띄엄 등
꾸며 주는 말 | 꼼꼼히, 단숨에, 얌전히 등

03
흉내 내는 말 | 훨훨, 획획, 푸드덕푸드덕, 파닥파닥 등
꾸며 주는 말 | 소리 없이, 잽싸게, 높이 등

04
흉내 내는 말 | 똑똑, 콩콩, 쾅쾅, 탕탕 등
꾸며 주는 말 | 있는 힘껏, 여러 번, 살짝 등

05
흉내 내는 말 | 씽씽, 쌩쌩, 산들산들, 살랑살랑 등
꾸며 주는 말 | 세차게, 강하게, 상쾌하게 등

06
흉내 내는 말 | 쑥쑥, 쭉쭉, 쑤욱, 무럭무럭 등
꾸며 주는 말 | 건강하게, 천천히, 날마다 등

07
흉내 내는 말 | 냠냠, 오물오물, 바사삭, 와그작와그작 등
꾸며 주는 말 | 음미하며, 서둘러서, 한입에 등

08
흉내 내는 말 | 톡톡, 주룩주룩, 쏴쏴, 보슬보슬 등
꾸며 주는 말 | 많이, 쉬지 않고, 양동이로 퍼붓듯이 등

연습 3 예시 답안 58쪽

01 환하게/웃고 있다, 선명한/노란색이다, 완전히/시들었다 등

02 열심히/뒤쫓는다, 당황해서/달린다, 소란을 피우며/도망 다닌다 등

03 가만히/기다리지 못하겠다, 살짝/들여다본다, 맛있게/먹는다 등

04 많이/모였다, 이제 막/시작하다, 모두가/즐겁다 등

05 천천히/걷고 있다, 큰 소리로/울부짖는다, 조용히/자고 있다 등

연습 4 예시 답안　　59쪽

01 학원/억지로, 친구 집/사이좋게, 학교/급히 등

02 꽃잎/하늘거리며, 공/빠르게, 별똥별/순식간에 등

03 목소리/확실하게, 음악/편안하게, 파도 소리/기분 좋게 등

04 별빛/아름답게, 반딧불이/희미하게, 바닷물/반짝거리며 등

05 웅덩이/깊이, 텔레비전/정신없이, 바닷물/눈 깜짝할 사이에

| 체크 포인트 | 이 책에서는 '완만하게, 완만히'처럼 형태가 바뀌며 활용되는 형용사뿐 아니라, '숨을 죽이고'처럼 동사를 활용한 형태도 모두 '꾸며 주는 말'로 보고 있습니다. 아이가 단어에 흥미를 보이기 시작했다면 동의어와 유의어를 가르쳐 주거나, 사전에서 단어를 찾아보는 습관을 길러 주면 더욱 좋습니다.

04 여섯 가지 형식의 문장 만들기

연습 1 정답　　61쪽

01 ① 탕탕 | 테니스 | 치다

② 탕탕 | 치다 | 테니스

③ 치다 | 테니스 | 탕탕

④ 치다 | 탕탕 | 테니스

02 ① 돌고래 | 뛰어오르다 | 높이

② 높이 | 돌고래 | 뛰어오르다

③ 높이 | 뛰어오르다 | 돌고래

④ 뛰어오르다 | 돌고래 | 높이

⑤ 뛰어오르다 | 높이 | 돌고래

연습 2 정답　　62~63쪽

01 ① 꾸벅꾸벅 | 존다 | 내 동생

② 내 동생 | 존다 | 꾸벅꾸벅

③ 존다 | 내 동생 | 꾸벅꾸벅

02 ① 빛나다 | 해님 | 반짝반짝

② 반짝반짝 | 해님 | 빛나다

③ 해님 | 빛나다 | 반짝반짝

03 ① 약속 장소 | 둘러보다 | 두리번두리번

② 두리번두리번 | 약속 장소 | 둘러보다

③ 둘러보다 | 두리번두리번 | 약속 장소

| 체크 포인트 | 여기서는 '무엇'+'꾸며 주는 말'+'어떻게'로 이루어진 문장 안에서 세 단어의 순서를 바꿔보는 연습을 했습니다. 이를 통해 문장을 쓸 때 단어의 순서는 중요하지 않다는 사실을 깨닫고 나면 아이는 편안한 마음으로 글을 쓸 수 있습니다.

05 긴 문장 만들기 ①

연습 1 예시 답안　　65쪽

01 "잘할 수 있을까?", "틀리지 않도록 주의해야지.", "내 차례다." 등

02 "그때는 미안했어.", "다시 사이좋게 지내자.", "내가 잘못했어." 등

연습 2 예시 답안　　66~67쪽

01 "여덟 살이 되었어.", "촛불이다!", "생일 축하해!" 등

02 "재미있었어.", "즐거웠어.", "정말 긴장됐어." 등

03 "어떻게 될까?", "뒷얘기가 궁금해.", "지면 안 돼!" 등

04 "거기 서!", "놓치지 않겠어!", "멈춰!" 등

05 "뭐 먹을까?", "맛있겠다.", "다 같이 나눠 먹자." 등

06 긴 문장 만들기 ②

연습 예시 답안　　　　　　　　　69~70쪽

01 ① 하늘을 향해, 열심히 등

② "지지 않겠어!", "열심히 연습했다고!" 등

02 ① "1학년인가?", "멋지다!" 등

② 정말, 새것처럼 등

03 ① "문제없어!", "괜찮을 거야.", "하나, 둘, 셋!" 등

② 몇 번이나, 오늘은, 한목소리로, 마음을 담아 등

04 ① 다 들고 갈 수 없을 만큼, 친구에게 주려고 등

② "좋아해 줄까?", "뭐가 좋을까?" 등

3장 문장 연결하기

01 이어 주는 말 찾기

연습 정답　　　　　　　　　　　　73쪽

01 이윽고　　02 왜냐하면　　03 그러나
04 그래서　　05 그러고서　　06 그리고

02 이어 주는 말 사용하기 ①

연습 1 정답　　　　　　　　　　　74쪽

01 ① 체온 | 높게 | 나왔다 | 그래서 | 학교 | 쉬었다

② 산 | 갈까? | 아니면 | 바다 | 갈까?

③ 흙투성이 신발 | 빨았다 | 그러자 | 못 알아볼 만큼 | 깨끗하다

02 ① 바람 | 강하게 | 불어왔다 | 그리고 | 깃발 | 세차게 | 펄럭인다

② 개 | 멍멍 | 짖는다 | 그래서 | "깜짝이야." | 달려서 | 도망쳤다

③ 매미 | 맴맴 | 운다 | 하지만 | 모습 | 보이지 않는다

④ 재미있는 | 영화 | 봤다 | 게다가 | 레스토랑 | 저녁 | 먹는다

연습 2 정답　　　　　　　　　　　75쪽

01 ① 이제 곧 | 겨울 | 온다 | 그래서 | 장갑 | 선물 받았다

② 얼굴색 | 좋지 않다 | 왜냐하면 | 배 | 계속 아프다

③ 엄마 | 일 | 바쁘다 | 그렇기 때문에 | 좀처럼 | 약속 | 잡지 않는다

④ 저녁 식사 후 | 책 | 읽는다 | 적어도 | 오늘 | 10쪽

02 ① 미술관 | 사진 촬영 | 허락받았다 | 게다가 | 조각상 | 만질 수 있다

② 줄넘기 | 잘 | 못한다 | 그러나 | 포기하지 않고 | 도전하다

③ 통학로 | 공사 중 | 지나갈 수 없다 | 그래서 | 다른 길 | 갔다

161

④ 생선 | 먹고 싶지 않다 | 그렇다고 | 고기 | 먹고 싶지도 않다

연습 3 정답 76~77쪽

01 ① 밤하늘 | 올려봤다 | 그러자 | 별똥별 | 떨어졌다

② 아빠 | 똑똑하다 | 게다가 | 엄청 | 잘생겼다

③ 전반전 | 앞섰다 | 기뻤다 | 그런데 | 마지막 | 역전당했다

④ 걸어서 | 갈까? | 아니면 | 버스 | 탈까?

02 ① 기침 | 콧물 | 나온다 | 그래서 | 병원 | 갔다

② 이 | 멜론 | 먹고 싶다 | 왜냐하면 | 향이 | 좋아서 | 맛있어 보인다

③ 친구 | 운동 | 잘한다 | 게다가 | 성격 | 좋다

④ 여름 방학 | 벌써 | 끝나다 | 그런데 | 숙제 | 다 했나?

03 ① 비 | 그쳤다 | 그러므로 | 놀이터 | 놀 수 있다

② 스웨터 | 입었다 | 하지만 | 더워서 | 벗었다

③ 텔레비전 | 볼까? | 아니면 | 게임 | 할까?

④ 수박 | 맛있어 보인다 | 더구나 | 오늘 | 가격 싸다

04 ① 무거운 | 짐 | 많다 | 그래서 | 택시 | 탔다

② 세뱃돈 | 많이 | 받고 싶다 | 왜냐하면 | 사고 싶은 | 물건 | 많다

③ 급식 | 제일 좋아하는 | 카레 | 그러나 | 한 그릇 더 | 먹지 못했다

④ 리코더 | 잘 | 분다 | 게다가 | 피아노 | 칠 수 있다

03 이어 주는 말 사용하기 ②

연습 1 예시 답안 78쪽

01 그래서, 그러므로 등

02 왜냐하면

03 그래서, 따라서 등

연습 2 예시 답안 79쪽

01 ① 그래서, 그리하여 등

② 그렇지만, 하지만 등

02 ① 하지만, 그런데 등

② 그러므로, 그러니 등

03 ① 그래서, 그 덕분에 등

② 하지만, 그런데 등

04 이어 주는 말 사용하기 ③

연습 1 예시 답안 80~81쪽

01 그렇지만 | 아직 용돈 모자라다

그렇지만 | 크리스마스 오려면 멀었다 등

02 이윽고 | 예쁜 꽃 피었다

이윽고 | 더운 여름 찾아왔다 등

그런데 | 잘 자라지 않는다

그런데 | 비 오지 않아서 걱정이다 등

03 하지만 | 열심히 했다

하지만 | 쉬워서 금방 끝났다 등

게다가 | 수학 숙제 많다

게다가 | 심부름 아직 끝나지 않았다 등

그래서 | 하기 싫다

그래서 | 일찍 가야 한다 등

04 그러므로 | 타러 가고 싶다

그러므로 | 친구들 보여 주고 싶다 등

그럼에도 | 아직 잘 타지 못한다

그럼에도 | 비 와서 탈 수 없다 등

뿐만 아니라 | 헬멧도 샀다

뿐만 아니라 | 5단 기어라 좋다 등

연습 2 예시 답안 82~83쪽

01 비 | 주룩주룩 | 내린다 | 그런데다

① 바람 | 강하다 | 그러므로

② 나가지 말아야겠다 등

02 늑대 | 으르렁 | 울부짖는다 | 게다가

① 어슬렁어슬렁 | 돌아다닌다 | 그래서

② 무섭다 등

03 재미있게 | 스케이트 | 탄다 | 그렇지만

① 실력 | 오르지 않는다 | 그러자

② 연습 시간 | 늘어났다 등

04 강아지 | 아장아장 | 산책한다 | 그것이

① 너무 | 귀엽다 | 그래서

② 나도 | 키우고 싶다 등

05 내일 | 다 같이 | 낚시 간다 | 그러나

① 동생 | 감기 걸렸다 | 그렇기 때문에

② 못 갈 것 같다 등

연습 3 예시 답안 84~85쪽

버스 | 와글와글 | 큰 목소리로 | "즐겁다." | 그리고 | 주스 | 마시다 | 꿀꺽꿀꺽

동물원 | 룰루랄라 | 여러 번 | 웃다 | 그리고 나서 | 도시락 | 먹다 | "맛있다."

연습 4 예시 답안 86쪽

무엇 | 캠핑, 텐트, 카레라이스, 밥, 배드민턴, 음악, 춤, 장작, 음료수, 친구, 동료, 광장, 저녁, 요리 등

어떻게 | 준비하다, 치다, 춤추다, 만들다, 즐겁다, 돕다, 짓다, 배고프다, 좋다, 서다, 타다, 먹다 등

꾸며 주는 말(흉내 내는 말) | 두근두근, 울렁울렁, 룰루랄라, 꼬르륵, 활활, 통통 등

꾸며 주는 말 | 재미있게, 즐겁게, 열심히, 맛있게, 기쁘게, 조금 더 등

대화문 | "재밌다.", "맛있는 냄새다.", "덥다.", "조금만 있으면 완성이야." 등

연습 5 예시 답안 87쪽

캠핑 | 룰루랄라 | 즐겁다 | 친구 | 준비하다 | 텐트 | 치다 | 이어서 | 밥 | 짓다 | 장작 | 활활 | 타다

캠핑 | 광장 | 친구 | 배드민턴 | 통통 | 치다 | 그 후에 | 음악 | 즐겁게 | 춤추다 | "재밌다."

친구 | 돕다 | 열심히 | 텐트 | 치다 | 그리고 | 저녁 | 카레라이스 | 만들다 | "맛있는 냄새다." | 꼬르륵 | 배고프다 등

| 체크 포인트 | 이어 주는 말(접속사)을 자유자재로 구사하면 문장을 길게 쓸 수 있을 뿐 아니라 논리적인 문장을 쓰고 말하는 데 도움이 됩니다. 여기서는 접속사의 종류까지 다루지 않았지만 앞 문장과 이어지는 '순접 관계 접속사'와 앞 문장에 반대되는 '역접 관계 접속사'가 있다는 점을 알려 줘도 좋습니다.

4장 단어 연결하기

01 도와주는 말 사용하기 ①

연습 정답 `91~93쪽`

01 ② 02 ① 03 ② 04 ① 05 ①
06 ① 07 ① 08 ② 09 ① 10 ②
11 ① 12 ① 13 ②

02 도와주는 말 사용하기 ②

연습 1 예시 답안 `94~95쪽`

01 를   02 는·가 03 에서 04 로
05 이   06 에   07 에서 08 는·가
09 은·을 10 를·는 등

연습 2 예시 답안 `96~97쪽`

01 에서/을, 에서/도, 의/을 등
02 와/를, 도/도 등
03 이/에, 도/에, 은/에 등
04 에는/이, 에도/이 등
05 과/를, 도/도 등
06 과/은, 도/도 등
07 와/은, 도/도 등
08 와/을, 랑/중에서 등
09 에서/가, 에서는/께서 등
10 가/보다, 는/보다 등

03 도와주는 말 사용하기 ③

연습 예시 답안 `98~100쪽`

01 ① 부른다, 나갔다, 웃었다, 기뻐했다 등
　 ② 놀다, 손잡다, 시장에 갔다, 밥을 먹었다 등
　 ③ 선물했다, 혼났다, 전했다, 말했다 등
　 ④ 도왔다, 졸랐다, 기쁘게 해 주었다, 찾았다 등
02 ① 빠르다, 점프를 잘한다, 귀엽다, 인기가 많다 등
　 ② 너무 많다, 졸려 보인다, 햇볕을 쬐다, 장난을 친다 등
　 ③ 운다, 돌아다닌다, 도망치다, 부럽다 등
　 ④ 안다, 들다, 받다, 쫓다 등
03 ① 즐겁다, 멀다, 넓다, 3층이다 등
　 ② 가다, 다닌다, 도착했다, 가기 싫다 등
　 ③ 좋다, 끝났다, 너무 크다, 쉰다 등
　 ④ 공부하다, 놀다, 운동하다, 만나다 등

5장 원고지 사용하기

01 문장 부호 사용하기

연습 정답 `103쪽`

01 "엄마, 어디서 뻐꾸기 울음소리가 들리지 않아요?"
02 민들레꽃, 국화꽃, 나팔꽃이 발밑에 피어 있었다. 그래서 밟지 않으려고 조심했다.
03 "어머! 땅 밑에 두더지가 살고 있어."
04 산타클로스 할아버지는 아이들의 어떤 얼굴

을 가장 좋아할까?

05 양복 주머니 안에는 열쇠, 자동차 키, 동전이 들어 있었다.

06 "우아! 창밖을 봐." 밤하늘에 눈이 하늘하늘 흩날리고 있었다.

| 체크 포인트 | 문장 부호 중 쉼표는 사용법이 다소 복잡하고 다양합니다. 여기서는 아이들도 쉽게 이해할 수 있도록 같은 종류의 단어를 늘어놓거나, 누군가를 부르는 말 뒤에 쓰는 경우만 다뤘습니다. 아이가 책에 나온 내용을 충분히 이해했다면 그 외에도 쉼표는 다양한 곳에 쓰일 수 있음을 알려 주세요.

02 원고지에 써 보기

연습 1 정답　　105쪽

01

	첫		여름		방	학	이		무	척
기	대	된	다	.		숙	제		빨	리		끝
내	고		재	미	있	게		놀	아	야	지	.

02

	'	초	대	합	니	다	!	'		가		써
진		생	일		카	드	를		받	았	다	.
	"	토	요	일		12	시	에		집	에
서		파	티	를		하	려	고		해	.	
와		줄		수		있	어	?	"
라	고		지	원	이	가		말	했	다	.

연습 2 예시 답안　　106~107쪽

01

모습이나 감정(꾸며 주는 말) | 크다, 놀라다, 예쁘다, 크게 기뻐하다, 유유히, 거침없이, 천천히, 느긋하게 등

대화문 | "와, 예쁘다.", "귀여워.", "저것 봐!", "기분 좋아 보여.", "멋지다." 등

02

	일	요	일	에		가	족	과		함	께
수	족	관	에		갔	다	.		가	오	리	와
거	북	이	와		물	고	기	가		느	긋
하	게		헤	엄	치	는		모	습	이
정	말		멋	졌	다	.

03

	"	와	,		귀	엽	다	.		저	것		좀
봐	!	"
라	고		동	생	이		말	했	다	.
	동	생	이		물	고	기	가		무	리
지	어		다	니	는		수	조		앞	에
서		크	게		소	리	쳤	다	.

연습 3 예시 답안　　108~109쪽

01

모습이나 감정(꾸며 주는 말) | 놀라다, 큰일이다, 무섭다, 충격적이다, 정신을 잃었다, 급브레이크, 비명을 지르다 등

대화문 | '앗, 위험해!', "놀랐어.", "끼야!", "조심해!", "올지 몰랐어.", '부딪히겠어!' 등

02

	늘		다	니	던		등	굣	길	에	서
자	전	거	와		자	동	차	가		하	마
터	면		부	딪	칠		뻔	했	다	.		나
는		놀	라	서		비	명	을		지	르
고		말	았	다	.

03

	'	앗	,		위	험	해	!	'
	순	간		그	렇	게		생	각	했	지
만		가	까	스	로		두		사	람
모	두		급	브	레	이	크	를		걸	어
멈	춰		섰	다	.
	'	휴	,		정	말		다	행	이	다	! '

03 전용 원고지 활용하기

연습 1 예시 답안　　　112쪽

모습이나 감정을 나타내는 말
즐겁게, 짝짝짝, 오랜만에, 신나다 등

	할	아	버	지	는		장	기	를		잘
두	셔	서		나	는		늘		진	다	.
	"	지	지		않	겠	어	!	"		
라	는		마	음	으	로		매	일		연
습	했	더	니		생	각	지	도		못	하
게		내	가		이	겨		버	렸	다	.
	할	아	버	지	에	게		칭	찬	을	
받	아		신	이		났	다	.			

대화문
'지지 않겠어!', "실력이 많이 늘었는걸." 등

연습 2 예시 답안　　　113쪽

모습이나 감정을 나타내는 말
매우 바쁘다, 너무 좋다, 최선을 다하다, 부탁, 이리저리 뛰어다니다 등

	엄	마	는		장	보	기	나		집	
안		청	소	를		매	일		최	선	을
다	해		하	신	다	.					
	"	룰	루	랄	라	.	"				
	콧	노	래	를		부	르	며		요	리
하	는		엄	마	가		즐	거	워		보
여	서		나	는		너	무		좋	다	.

대화문
"룰루랄라.", "늘 바빠 보여.", "건강 챙겨야 해." 등

연습 3 예시 답안　　　114~116쪽

모습이나 감정을 나타내는 말
가지런히, 친절하게, 많이, 마음을 담아서, 신기하다, 사이좋게, 속상하다, 슬프다 등

	이	번		여	름		방	학	에	도	
시	골		할	머	니		댁	에		놀	러
갔	다	.		할	머	니		댁	에	서		가
장		하	고		싶	은		일	은		소
돌	보	기	다	.							
	"	많	이		먹	고		크	렴	.	"
하	면	서		소	에	게		먹	이	와	
물	을		주	면		금	방		친	구	가
될		수		있	다	.					
		할	머	니	와		헤	어	지	는		날
은		너	무		빨	리		돌	아	온	다	.
	"	내	년		여	름		방	학	에	
또		올	게	요	.	"					
라	고		말	하	려	는	데		자	꾸	
눈	물	이		나	고		슬	퍼	졌	다	.

대화문
"많이 먹고 쑥쑥 크렴.", "또 놀러 오렴.", "다시 올게요.", '빨리 내년 여름 방학이 왔으면 좋겠다.' 등

6장 다양한 형식에 맞춰 글 쓰기

01 가족·학교 행사를 주제로 한 글쓰기 ①

연습 1 예시 답안　　　119쪽

모습이나 감정을 나타내는 말
걱정, 안심, 다리를 문지르다 등

	드	디	어		내	일	이		운	동	회
날	이	다	.		나	는		날	씨	보	다

달리기 경주가 더 걱정돼 가슴이 두근거렸다. '제발 잘 달리게 도와주세요!' 내 다리가 잘 움직일 수 있도록 기도하면서 다리를 문질렀다.

대화문

'내일 열심히 해야 하니까 일찍 자야지.', '잘 부탁해!', '제발 도와주세요!' 등

연습 2 예시 답안 120쪽

모습이나 감정을 나타내는 말

맛있는 냄새, 산뜻한 기분, 룰루랄라, 최고 등

엄마가 만드는 맛있는 도시락 냄새에 눈이 떠졌다. 날씨도 화창했다. "열심히 해야지!" 하는 소리가 저절로 튀어나왔다. 잘 달릴 수 있다는 자신감이 생겼다.

대화문

"열심히 해야지!", '넘어지지 말아야 할 텐데.' 등

연습 3 예시 답안 121쪽

모습이나 감정을 나타내는 말

불안, 점점 긴장이 되었다, 안정되다 등

교실에 도착했다. '잘 할 수 있을까?'라는 생각에 긴장하고 있는데 선생님이 오셨다. "함께 즐겨 보자!"라고 말씀해 주셔서 마음이 안정되었다.

대화문

'잘할 수 있을까?', "함께 즐겨 보자!" 등

연습 4 예시 답안 122쪽

모습이나 감정을 나타내는 말

심장이 멈출 듯, 몸이 덜덜, 다리가 후들후들, 정신을 집중해서 등

달리기 경주에 참가하는 학생들을 부르는 마이크 소리가 들렸다. '드디어 때가 됐다!'라고 생각하자 다리가 후들후들거리고 몸이 덜덜 떨렸다. 심장이 멈출 것 같았지만 정신을 집중했다.

대화문

'드디어 때가 됐다!', '열심히 달리는 수밖에 없어!' 등

연습 5 예시 답안 123쪽

모습이나 감정을 나타내는 말

녹초가 되다, 만족, 행복, 추억을 많이 만들었다 등

달리기 경주에서 2등을 했다. 하지만 충분히 만족스러웠다. 온 힘을 다해 달려서인지 몸은 녹초가 되었지만 기분은 무척 좋았다. '계주 선수가 되고 싶다.'라는 목표가 생겼다. 열심히 연습해야겠다.

대화문

'계주 선수가 되고 싶다.', '내년에는 꼭 이겨야지.' 등

연습 6 예시 답안　　　124쪽

모습이나 감정을 나타내는 말

발바닥이 아프다, 하늘을 날 것 같다 등

하	루	종	일	날	씨	가	더
위	지	쳤	는	데	발	바	닥	까	지
아	팠	다	.	하	지	만	아	빠	가
"	작	년	보	다	달	리	는	자
세	가	많	이	좋	아	졌	어	."
하	고	칭	찬	해	주	셔	서	인	지
하	늘	을	날	듯	기	분	이
좋	았	다	.

대화문

"끝까지 열심히 달렸어!",
"작년보다 좋아졌어!" 등

02 가족·학교 행사를 주제로 한 글쓰기 ②

연습 예시 답안　　　126~130쪽

모습이나 감정을 나타내는 말

신난다, 마음이 들뜨다, 감기에 걸리다, 두근두근, 콩닥콩닥, 가슴이 터질 것 같다, 여유롭다, 역할에 빠지다, 용기, 자신감, 행복한 기분 등

이번 발표회에서는 동화책 《헤엄이》를 연극으로 보여 주게 되었다. 대사가 많아서 할머니께 물어보며 연습했다. 그런데 학교에 갔더니 큰일이 벌어졌다. 헤엄이 역할을 맡은 세연이가 감기에 걸려 학교에 오지 못한 것이다. 선생님과 눈이 마주치자 나는 "제가 해 볼게요."

하고 손을 들었다. 다들 "다행이다."라고 말해 줘서 기뻤지만 가슴이 콩닥거렸다. 연극이 끝나자 선생님이 웃으며 말씀하셨다. "친구를 구해 주는 모습이 진짜 헤엄이 같았어." 집에 돌아와 할머니에게 말씀드리니 "연습한 보람이 있네."라며 머리를 쓰다듬어 주셨다. 행복했다.

대화문

"능숙해졌네.", "내일이 기대되네.",
"한 번 더 연습하자.", "제가 해 볼게요.",
"기쁘다.", "진짜 헤엄이 같았어.",
"연습한 보람이 있네.", "행복한 시간이었어." 등

| 체크 포인트 | 아이와 평소에 대화를 나눌 때도 반짝하고 빛나는 말을 찾아보세요. 이렇게 찾은 말을 원고지에 옮길 때면 아이는 그 말이 자신의 것이 되었다는 만족감과 성취감을 느낍니다. 글쓰기를 좋아하게 되면 읽고 있는 책 속에서 어려운 말을 발견해 내거나, 사전에서 단어를 찾아보는 일에 흥미를 갖게 됩니다.

03 독서 감상문 쓰기 ①

연습 예시 답안　　　131~139쪽

《고양이 해결사 깜냥 1: 아파트의 평화를 지켜라!》 독서 감상문

01 예 참고

02

모습이나 감정을 나타내는 말

두리번두리번, 딱, 심쿵, 두근두근 등

엄마와 교보문고에 갔다. 표지 속 고양이 그림과 눈이 딱 마주쳤다. "너무 귀엽잖아!"라는 말이 튀어나왔다. 순간 고양이가 내게 '나를 데려가!'라고 말하는 것 같았다.

대화문

"귀엽다!", '나를 데려가' 등

03 예 참고

04

모습이나 감정을 나타내는 말

세차다, 쏴, 까맣고 하얗다, 졸리다 등

비가 세차게 오던 어느 날, 경비실 앞에 하룻밤만 재워 달라는 고양이가 나타났다. 머리와 등은 까맣고, 얼굴과 배와 발이 하얀 깜냥이다. 경비 할아버지가 순찰 나간 사이에 따르릉 인터폰이 울렸다. 그때마다 깜냥은 졸린 눈을 비비며 인터폰을 누른 집을 찾아갔다. 아이들에게 책을 읽어 주고 춤도 가르쳐 주고, 택배 아저씨 배달까지 한다. 밤새 깜냥이 한 일을 알게 된 할아버지는 깜냥에게 조수가 되어 달라고 부탁한다.

대화문

"여기서 하룻밤 자도 될까요?", "따르릉"

05 예 참고

06

모습이나 감정을 나타내는 말

드르륵, 툭툭, 으쓱으쓱 등

깜냥이 가방을 누이고 지퍼를 드르륵 열자 온갖 물건이 툭툭 튀어나온다. 깜냥은 으쓱거리며 "제가 받은 선물이에요!"라며 자랑했다. 모두 누군가를 돕고 받은 것이었다. 물건에 담긴 이야기를 더 듣고 싶어졌다.

대화문

"제가 받은 선물이에요!" 등

07 예 참고

08

모습이나 감정을 나타내는 말

춥다, 배고프다, 떠돌다, 당당하다, 자유롭다, 멋지다 등

추위와 배고픔을 이겨 내야 하는 떠돌이 고양이지만 당당하고 자유롭게 사는 모습이 멋지다. 사람들을 돕고선 쿨하게 "괜찮아요. 무얼 바라고 한 일이 아닌걸요."라고 말하는 모습은 꽤 근사하다. 깜냥의 말처럼 '힘든 시간을 이겨 내면 신나고 즐겁고 재미있는 일이 생긴다.'라는 믿음이 생겼다.

> **대화문**
> "괜찮아요. 무얼 바라고 한 일도 아닌걸요.",
> "신나고 즐겁고 재미있는 일이 기다릴 거야!" 등

04 독서 감상문 쓰기 ②

연습 예시 답안　　　140~145쪽

《아기 여우와 털장갑》 독서 감상문

01　엄마가 권해 주어서, 동물에 관심이 많아서, 표지와 그림이 예뻐서 등

02　**처음** | 엄마 여우가 아기 여우에게 장갑을 사 오라고 했다.

　　중간 | 인간은 위험하니까 아기 여우의 한쪽 손을 사람 손으로 만들고 그 손만 내밀도록 했다.

　　끝 | 아기 여우가 무사히 장갑을 샀다. 엄마 여우가 인간에 대해 혼잣말로 중얼거렸다.

03　**가장 기억에 남는 장면** | 아기 여우가 장갑을 사는 장면

　　그 이유 | 엄마 여우와 약속을 지키지 못해서 무슨 일이 일어날까 봐 걱정되었다.

04　엄마 여우와 아기 여우의 따뜻한 대화와 인간과 동물도 교류할 수 있다는 점이 좋았다.

05

> **모습이나 감정을 나타내는 말**
> 엄마가 초등학교 때 읽었던, 장갑을 사러 가다, 인간은 위험해, 심장이 터질 것 같다, 두근두근, 뛸 듯이 기쁘다, 어쩐지 묘하다 등

		엄	마	가		어	릴		때		봤	다
던		《	아	기		여	우	와		털	장	
갑	》	이	라	는		책	을		읽	었	다	.
		추	운		겨	울	날		엄	마		여

우	는		아	기		여	우	의		한	쪽
손	을		인	간	의		손	으	로		바
꾸	고		아	기		여	우	에	게		장
갑	을		사		오	라	고		했	다	.
인	간	은		위	험	하	니		절	대	
반	대	쪽		손	을		내	밀	어	서	는
안		된	다	는		경	고	도		덧	붙
였	지	만 ,		아	기		여	우	는		실
수	로		반	대	쪽		손	을		내	밀
고		말	았	다	.						
		아	기		여	우	가		반	대	쪽
손	을		내	밀	었	을		때	는		내
심	장	이		터	질		듯		두	근	거
렸	다	.		하	지	만		무	사	히		장
갑	을		샀	을		땐		뛸		듯	이
기	뻤	다	.		그	런	데		마	지	막	에
엄	마		여	우	가		중	얼	거	린	
"	정	말	로		인	간	은		착	한	
존	재	일	까	. "							
라	는		말	은		어	쩐	지		묘	하
게		느	껴	졌	다	.					

> **대화문**
> "손이 차갑구나.", "이쪽 손을 내밀면 절대 안 돼.", "인간은 하나도 무섭지 않아.", "정말로 인간은 착한 존재일까." 등

05 관찰 일지 쓰기 ①

연습 예시 답안　　　146~149쪽

나팔꽃 관찰 일지

01　안쪽이 더 연하다, 덩굴이 꼬불꼬불하다, 오후가 되면 꽃잎이 오므라든다 등

02

| | 나 | 팔 | 꽃 | | 색 | 깔 | 은 | | 진 | 한 | |
| 분 | 홍 | 색 | 이 | 다 | . | | 안 | 쪽 | | 꽃 | 잎 | 의 |

색	이		더		연	하	다	.		크	기	는	
4	센	티	미	터		정	도	고	,		안	쪽
모	양	이		별		모	양		같	다	.		

03 꽃이 시들더니 오므라들면서 떨어졌다 등

04

	아	침	이		되	면		꽃	잎	이	
벌	어	지	고		오	후	가		되	면	
오	므	라	들	기	를		며	칠	간		반
복	하	더	니	,		얼	마		후		꽃	잎
이		시	들	기		시	작	했	다	.		

05 꽃이 시든 자리에 씨앗이 생기지 않을까?, 씨앗이 떨어지면 거기서 내년에는 또 다른 나팔꽃이 피지 않을까? 등

06

	꽃	이		시	들	면	서		봉	오	리
가		쪼	그	라	들	더	니		아	래	로
툭		떨	어	졌	다	.		어	느		부	분
에	서		씨	앗	이		생	겨	날	지	
지	금	부	터		지	켜	보	려		한	다	.

01, 05

	어	제		줄	기	와		덩	굴		사
이	에		핀		노	란	색		꽃	이	
오	늘	은		시	들	었	다	.		꽃	잎	은
푸	석	푸	석	하	게		말	랐	고		색
도		연	해	졌	다	.		꽃	잎	의		밑
부	분	이		살	짝		부	풀	어	오	르
고		초	록	색	이		진	해	진		걸	
로		봐	서		이		부	분	이		점
점		커	지	면	서		오	이	가		되
는		것		같	다	.		시	장	에	서	
본		오	이	에	는		겉	에		오	돌
토	돌	한		부	분	이		있	었	는	데
지	금		뾰	족	뾰	족	하	게		나	온
부	분	이		나	중	에		돌	기	가	
되	는		게		아	닐	까	?				

06 관찰 일지 쓰기 ②

연습 예시 답안   150~153쪽

오이 관찰 일지

02 줄기와 두꺼운 덩굴 사이에 노란색 꽃이 피었다, 꽃이 피더니 다음 날 시들었다, 꽃의 밑부분이 가시처럼 뾰족뾰족하다 등

03 시든 꽃잎이 마르더니 색이 연해졌다, 줄기와 가까운 부분의 색이 진해졌다 등

04 꽃의 밑부분이 커지면서 오이가 되는 게 아닐까, 뾰족뾰족한 부분이 나중에 오이의 오돌토돌한 돌기가 될 것 같다 등